sendas
literarias
SEGUNDA EDICIÓN

Cuaderno de lenguaje y práctica 2

Mary Ann Dellinger

Virginia Military Institute
Lexington, VA

Prentice
Hall

Glenview, Illinois
Needham, Massachusetts
Upper Saddle River, New Jersey

ISBN 0-8384-0318-2

23   16

Contenido

 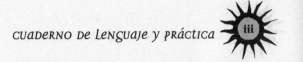

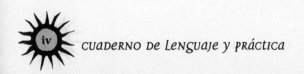

Introducción

¡Bienvenidos a *Sendas literarias: Cuaderno de lenguaje y práctica!* Antes de comenzar nuestro recorrido literario es importante orientarnos para poder sacar el provecho máximo de los textos. Como en todas las exploraciones por territorios nuevos, necesitamos un mapa para guiarnos. De la misma manera que no saldríamos en una aventura sin un itinerario, tampoco debemos iniciar nuestro viaje literario sin identificar nuestras metas y estrategias. ¿Has leído el apartado titulado «A los estudiantes» en las páginas iii a la iv del texto *Sendas literarias*? Si no, querrás hacerlo en seguida; representa nuestro punto de partida.

Ahora, ¿para qué sirve este *Cuaderno de lenguaje y práctica*? Si te fijas en el título, lo sabrás. Éste es un libro auxiliar; un libro que te ofrece la oportunidad de ampliar tus conocimientos no sólo de la literatura, sino también del lenguaje. Para cada lección del libro de texto, tenemos cuatro apartados:

- **Aumentemos nuestro vocabulario.** En esta sección se presentarán las palabras clave de la lectura en contexto junto a un ejercicio para ayudarte a aprender y a practicar este vocabulario. Son las mismas palabras que aparecen en el recuadro titulado «Vocabulario clave del texto» en el libro de texto. Haz un esfuerzo por aprenderlas y utilizarlas en tus conversaciones con otras personas.
- **Enriquezcamos nuestro español.** El estudio de la literatura requiere destrezas diferentes a las que usamos en nuestra comunicación cotidiana, ya que se trata de una actividad académica. En este apartado se presentarán temas que tratan el uso del español académico o formal. Se incluyen temas variados como el *Spanglish,* las academias de la lengua española y la correspondencia. Practicaremos, como siempre, con unas actividades de aprendizaje.
- **Escribamos correctamente.** En este apartado practicaremos buenos hábitos de ortografía.
- **Preparemos nuestro portafolio.** El portafolio te da la oportunidad de mostrar todo lo que vas aprendiendo en nuestro viaje literario. Con cada lección tendrás algunas sugerencias para mejorar lo que ya hayas escogido para tu portafolio. Cuando termines *Sendas literarias,* podrás mostrar los frutos de tus estudios y esfuerzos con orgullo.

Si has mirado el formato del texto de *Sendas literarias,* sabrás que está organizado en unidades temáticas con unas actividades de repaso general al final de cada unidad. En este cuaderno también encontrarás unas prácticas culminantes que servirán tanto para repasar el material nuevo de la unidad como para autoevaluar tu progreso. Para cada una de las cinco unidades tenemos tres apartados en esta sección de repaso:

- **Repasemos lo aprendido.** En las secciones del primer apartado, realizaremos una serie de actividades para repasar los nuevos conceptos lingüísticos, incluyendo el vocabulario clave, las ideas gramaticales u ortográficas y las del español académico. También repasaremos los conceptos literarios presentados así como las selecciones literarias que componen la unidad.

- **El portafolio.** El portafolio es un proceso y en realidad nunca está terminado. Has de estar siempre revisándolo, añadiendo, sacando y mejorando los trabajos incluidos. Por esta razón, al final de cada unidad escogerás por lo menos un trabajo de la sección «Preparemos nuestro portafolio» para revisar y añadir a tu portafolio. También ampliarás tu portafolio con la adición de nuevos trabajos relacionados con el tema de la unidad.

- **La Red electrónica a nuestra disposición.** Las últimas actividades de cada unidad se desarrollan en la Red electrónica (Internet), enlazando la literatura de los siglos con la tecnología de hoy.

Finalmente iniciarás una investigación en la Red relacionada con el tema de la unidad, guiado(a) por una lista de direcciones electrónicas para iniciar cómodamente tu búsqueda de información. Por supuesto, navegar por la Red es lo más intrigante y, sobre todo, lo más divertido. Todos los días aparecen páginas nuevas y otras desaparecen. Las conocidas cambian de contenido y formato. La lista proporcionada en el cuaderno, por tanto, puede que resulte incompleta de un día a otro, incluso algunos sitios pueden haberse transformado completamente. Por supuesto, nosotros los maestros, los escritores y las casas editoriales no tenemos control sobre este tipo de dilema. Pero, ¡ahí está el desafío de la navegación electrónica!

También encontrarás cuatro miniunidades diseñadas que te servirán de ayuda para desarrollar buenos hábitos de estudio. En la primera te prepararás para el nuevo año escolar mientras en las otras aprenderás varias destrezas de organización y te familiarizarás con ciertos recursos para el estudio que tienes a tu alcance.

Ahora, sólo hace falta comenzar. ¿Listos? Pues allá vamos; ¡empecemos nuestro maravilloso viaje por *Sendas literarias!*

A lo largo del año, estarás creando tu propia literatura que será evaluada por tu maestro(a) según las rúbricas siguientes. Utilízalas para interpretar la calificación de tu trabajo y mejorar otras ediciones.

RÚBRICA A (para la calificación de trabajos creativos)

Cinco: Sobresaliente

- El trabajo destaca por su creatividad.
- Desarrolla todos los elementos del trabajo de una manera ambiciosa, inspirada e/o innovadora.
- Relaciona los temas literarios con el tema del ejercicio/de la pregunta.
- El trabajo incluye palabras, estructuras e ideas nuevas.
- Tiene un mínimo de faltas ortográficas y/o gramaticales. (opcional)

Cuatro: Bien

- La lectura del trabajo resulta interesante.
- Desarrolla los elementos del trabajo de una manera individual.
- El lector tiene que hacer algunas inferencias porque las explicaciones y descripciones no son siempre claras.
- El trabajo incluye algunas palabras, estructuras o ideas nuevas.
- Tiene pocas faltas ortográficas y/o gramaticales. (opcional)

Tres: Suficiente

- Muestra esfuerzo creativo.
- De vez en cuando se sale del tema y/o formato del trabajo.
- El trato del tema es superficial.
- Incluye pocas palabras, estructuras o ideas nuevas.
- Tiene algunas faltas ortográficas y/o gramaticales. (opcional)

Dos: Insuficiente

- El trabajo es mal organizado con mucha repetición.
- Muestra un limitado entendimiento de la pregunta y/o el tema del trabajo.
- Muestra falta de capacidad para relacionar los conceptos temáticos y obras con el trabajo.
- Tiene limitado uso de vocabulario, estructuras e ideas en general.
- Tiene numerosas faltas ortográficas y/o gramaticales. (opcional)

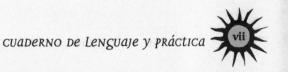

Uno: Deficiente

- Falta extensión y/o profundidad de ideas.
- El trabajo es incomprensible o está incompleto.
- Tiene muchas faltas ortográficas y/o gramaticales. (opcional)

Cero: Inaceptable

- El trabajo es copiado.
- Abundan las faltas ortográficas y/o gramaticales. (opcional)

RÚBRICA B (para la calificación de ensayos)

Cinco: Sobresaliente

- Muestra destreza analítica en el desarrollo del tema dentro del contexto de las obras leídas.
- Especifica los detalles de la trama de las obras sólo para apoyar la hipótesis.
- Relaciona los elementos literarios de las obras citadas (tema, punto de vista, tono, etcétera) con el tema del ejercicio/de la pregunta.
- Tiene un mínimo de faltas ortográficas y/o gramaticales. (opcional)

Cuatro: Bien

- Incluye más análisis que descripción.
- El lector tiene que hacer algunas inferencias porque las explicaciones no son siempre claras.
- No se aleja del tema del ensayo aunque puede que no cumpla con todos los requisitos.
- Tiene pocas faltas ortográficas y/o gramaticales. (opcional)

Tres: Suficiente

- Muestra comprensión de la pregunta, pero su discusión se sale de la hipótesis.
- Abundan la descripción y los detalles del argumento.
- Cita pocos ejemplos de los textos y algunos pueden ser erróneos y/o improcedentes.
- El trato de las obras citadas es superficial.
- Tiene algunas faltas ortográficas y/o gramaticales. (opcional)

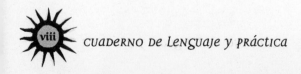

Dos: Insuficiente

- Un ensayo mal organizado con comentarios ambiguos.
- Muestra un limitado entendimiento de la pregunta y/o las obras leídas dentro del contexto.
- Muestra falta de capacidad para relacionar las obras con la pregunta.
- Contiene información mayormente errónea e/o improcedente.
- Tiene numerosas faltas ortográficas y/o gramaticales. (opcional)

Uno: Deficiente

- El estudiante no entiende la pregunta o enfoca el ensayo en otro tema.
- El ensayo es incomprensible o erróneo.
- Tiene muchas faltas ortográficas y/o gramaticales. (opcional)

Cero: Inaceptable

- El ensayo no tiene sentido por su brevedad o falta de claridad de ideas.
- Abundan las faltas ortográficas y/o gramaticales. (opcional)

Antes de empezar
Preparémonos para el éxito

Materiales

Los materiales para el estudio

Antes de emprender nuestro viaje por nuevas *Sendas literarias*, asegurémonos de estar preparados. Cada empresa importante consta de una etapa preparatoria y el comienzo de otro año escolar representa un nuevo proyecto. No se puede edificar una casa sin tener las herramientas y los materiales necesarios. De la misma manera, el (la) estudiante consciente se prepara para el éxito escolar.

Como los que estudiamos literatura somos tanto escritores como lectores, precisamos los instrumentos precisos para el oficio académico. Por lo tanto, entre nuestros materiales esenciales se incluyen los siguientes:

- un cuaderno de anillos o una sección de un cuaderno de anillos dedicada exclusivamente a la clase de español
- dos lápices (número 2) afilados
- dos plumas o bolígrafos de tinta azul o negra
- un diario
- *Sendas literarias* (*)
- *Sendas literarias: Cuaderno de lenguaje y práctica* (*)

---

*Se entiende que no todas las escuelas conceden una copia particular del texto y/o del cuaderno a cada alumno. Si éste es el caso en tu escuela, no te preocupes; tu maestro(a) te indicará los procedimientos para el uso del texto y/o del cuaderno.

CUADERNO DE LENGUAJE Y PRÁCTICA **1**

Ejercicio 1. Otros materiales. Escribe aquí los **otros materiales** requeridos por tu maestro(a) de español.

1. _____
2. _____
3. _____
4. _____
5. _____

La disposición de los materiales

Los trabajos

Todos los trabajos que presentes deben tener tu nombre completo (nombre y apellido) y la fecha en el encabezamiento. Es posible que tu maestro(a) requiera que se presenten los trabajos con un formato particular que incluya más información en el encabezamiento o en el primer renglón.

Ejercicio 2. Práctica. Imagínate que el primer trabajo de la clase consiste en redactar un párrafo sobre lo que leíste durante el verano. Rellena la hoja del cuaderno con la información que precise tu maestro(a) según el modelo.

MODELO:

Macarena López
Español 1 - pdo. 2
25 de agosto 2001

#1 Mis lecturas veraniegas

El formato de tu clase:

El cuaderno

Lo ideal es tener un cuaderno para cada clase, pero esto no siempre es posible. Si dedicas un cuaderno entero a la clase de español, divídelo en secciones según las instrucciones de tu maestro(a). Si utilizas un solo cuaderno para todas tus clases, deberás tener un sistema de organización dentro del apartado dedicado a la clase de español. Puedes organizar tus papeles:

- según el tipo de ejercicio (gramática, escritura libre, etcétera)
- numéricamente (si tu maestro(a) utiliza un sistema de numeración para guardar las calificaciones)
- por lección/unidad
- por fecha
- otro sistema que requiera tu maestro(a)

¡Ojo! El trabajo más reciente se coloca **al principio** de todos los papeles guardados. Si utilizas un sistema de numeración, por ejemplo, encontrarás el número 1 al final de todos los papeles guardados. Si utilizas un sistema a base de fechas, el papel con la fecha más reciente estará encima de los demás.

Ejercicio 3. Organiza por fecha. Imagínate que los trabajos siguientes fueran tuyos. ¿Cómo los colocarías dentro del cuaderno si los organizaras por fecha? Escribe un número del 1 (el trabajo más reciente) al 10 según su orden en el cuaderno.

_____ **a.** 9 de octubre

_____ **b.** 7 de octubre

_____ **c.** 24 de septiembre

_____ **d.** 23 de octubre

_____ **e.** 6 de septiembre

_____ **f.** 18 de octubre

_____ **g.** 13 de septiembre

_____ **h.** 11 de octubre

_____ **i.** 1º de octubre

_____ **j.** 30 de septiembre

Preparación personal

La clase

Debes estar sentado(a) en tu asiento en cuanto toque la campana que indica el comienzo de la clase. No debe haber nada en tu área de trabajo (pupitre, mesa o mesa-banca) que no sean los materiales necesarios:

- el cuaderno abierto en la tarea del día anterior y/o la hoja de los ejercicios de «Para empezar»
- el lápiz (ya afilado) o la pluma que vayas a utilizar
- los libros de texto que necesites

Ejercicio 4. Todos los días. Cada maestro(a) tiene un procedimiento para empezar la clase.

Completa la lista siguiente según el procedimiento de tu clase de español.

1. *Entro en la clase antes de que toque la última campana.*
2. *Antes de sentarme, saco punta al lápiz.*
3. _____
4. _____
5. _____

La tarea

Asigna un lugar y una hora para hacer la tarea de cada día. Algunos estudiantes prefieren hacerlo al llegar de la escuela para tener libre el resto de la tarde. Otros necesitan tomarse un descanso con respecto al trabajo de la escuela y dedican un tiempo al estudio después de cenar. De la misma manera, hay estudiantes que necesitan silencio para poder concentrarse mientras que la música facilita el estudio a otros. Muchos alumnos tienen su propia mesa de estudio en casa mientras que otros prefieren reunirse en la mesa de la cocina con sus hermanos para hacer la tarea. Ya tienes suficientes años de experiencia con la tarea para saber cómo trabajas mejor física y mentalmente.

Recuerda que debes dedicar un mínimo de veinte minutos diarios al estudio del español. Si tu maestro(a) no te manda hacer ningún ejercicio escrito ni ninguna lectura, esto no significa que no tengas tarea. Utiliza tus veinte minutos para repasar la lección de clase o para leer en español. Puedes sacar un libro de la biblioteca o quizás tu maestro(a) tenga una revista que te pueda prestar. También puedes escribir algo en tu diario de español sobre un tema que te interese.

Ejercicio 5. Plan de estudio. Prepara un plan de estudio para este año escolar rellenando los espacios según tus circunstancias personales.

Para sacar el máximo provecho del estudio de mi lengua materna, prometo dedicar veinte minutos diariamente al español.

Lugar de estudio: _____

Horas de estudio (lunes a jueves): de _____ a _____

Estudio durante el fin de semana:

Día: (viernes, sábado o domingo) _____ **Hora:** _____

Si la maestra/el maestro no manda tarea, me dedicaré a:

1. _____

2. _____

3. _____

Haz un esfuerzo en cumplir con el plan de estudio que te hayas propuesto y poco a poco irás adquiriendo buenos hábitos de estudio que te serán útiles durante toda tu carrera escolar y universitaria.

Unidad 1
«Por los caminos del recuerdo»
Lección 1. «Un oso y un amor»

Aumentemos nuestro vocabulario

Vocabulario clave del texto

- «Lancé un **alarido**.»
- «Descargué los burros. Puse la **carpa**.»
- «**Marejadas** de nostalgias / provocan recuerdos / que sin descuido / penetran rompiendo / la monotonía / de esta tarde mía.»
- «Sin licor, sin drogas, sin atrevimientos **soeces**.»
- «El pasto alto, fresco y **lozano**.»
- «La fiesta en su **apogeo**.»
- «Chistes y bromas. Risas y más risas. Coqueteos **fugaces**. Preguntas intencionadas.»
- «Cuando un río se **bifurca** en dos, no hay manera que esos dos ríos se vuelvan a juntar.»

Ejercicio 1. Letras desbaratadas. Ordena las letras para formar una palabra de vocabulario clave de esta unidad y escribe su definición al lado.

1. zalono _____ _____
2. rodlaai _____ _____
3. zsoe _____ _____
4. gfuza _____ _____
5. rsbiucfaer _____ _____
6. pcraa _____ _____
7. jdmraaae _____ _____
8. gpooea _____ _____

Ejercicio 2. Extensión. Busca tres palabras más en la lectura que sean nuevas o que no suelas usar a menudo en tus conversaciones diarias.

- Escribe la palabra y su significado al lado.

  1. _____ _____
  2. _____ _____
  3. _____ _____

- Ahora escribe tres oraciones originales usando estas palabras.

  1. _____
  2. _____
  3. _____

Enriquezcamos nuestro español

Los buenos modales lingüísticos

La manera en la que nos comunicamos con otras personas nos identifica de diferentes formas. Al igual que en las otras actividades en las que participamos a diario, como comer y vestirnos, existen buenos modales tanto en la forma de hablar como de escribir que debemos observar en nuestra vida académica y social.

Ejercicio 3. El comportamiento social. Contesta las preguntas siguientes utilizando una oración completa.

1. ¿Por qué no vemos nunca a una novia mascando chicle durante la ceremonia de boda?

   _____

   _____

2. ¿Tienes la costumbre de comer espaguetis con las manos? ¿Por qué?

   _____

   _____

3. ¿Por qué no recibimos a los invitados en el cuarto de baño?

   _____

   _____

Es de mal gusto comer espaguetis con las manos, masticar chicle durante tu boda o recibir a los invitados en el cuarto de baño. El uso apropiado del lenguaje forma parte de la buena educación. Por lo tanto, hemos de estar siempre atentos a los buenos modales lingüísticos tanto en nuestra forma de hablar como de escribir.

Escribamos correctamente

Los signos de puntuación

Los signos de puntuación más comunes son los siguientes:

Signo	Nombre	Uso	Ejemplo
.	punto final	indica que una oración ha terminado	«Era ya fines de junio».
,	coma	indica cortas pausas en la oración; separa elementos de una serie en una oración	«Este año, por primera lo descubrimos, no sé cómo».
;	punto y coma	señala una pausa algo más larga que la coma	En *Sendas literarias I*, leímos otro cuento de Sabine Ulibarrí; se titula «Mi abuela fumaba puros».
:	dos puntos	señala el comienzo de una explicación o una alcaración	Según Ulibarrí: «Éramos jóvenes. Sabíamos querer y cantar. Sin licor, sin drogas, sin atrevimientos soeces».
¿ ?	signos de interrogación	comienzan y dan fin a todas las oraciones interrogativas (preguntas)	¿Te gustó el cuento? ¿Por qué?
¡ !	signos de admiración (exclamación)	comienzan y dan fin a todas las oraciones que expresan emoción como la sorpresa, la alegría, la tristeza, etcétera	«¡Qué hermoso era aquello!»
—	raya	señala el comienzo de un diálogo o el cambio de locutor (persona que habla) en el diálogo	«Le digo a Shirley—Ven conmigo».
...	puntos suspensivos	señalan que una oración se ha interrumpido	En sus historias acerca de la Tierra Amarilla, Ulibarrí frecuentemente escribe de sus padres, su abuela, sus hermanos, sus primos...
( )	paréntesis	encierra frases que aclaran o especifican	La mayoría de los cuentos de Ulibarrí se ambientan en la Tierra Amarilla (Nuevo México).
« » y " "	comillas	encierran una cita; también el título de un cuento, un ensayo o un poema	«Era ya fines de junio».

Ejercicio 4. Signos de puntuación. Pon signos de puntuación en el párrafo siguiente.

El relato que acabamos de leer Un oso y un amor forma parte de la colección narrativa escrita por Sabine Ulibarrí rememorando su juventud en la Tierra Amarilla cerca de Santa Fe Nuevo México Los protagonistas de sus historias son casi siempre sus familiares sus abuelos padres hermanos y primos aunque los amigos de su infancia y su adolescencia también aparecen en los cuentos como es el caso de Un oso y un amor El lenguaje literario de Ulibarrí refleja la sencillez de aquellos tiempos como él dice Sin licor sin drogas sin atrevimientos soeces Qué hermoso ambiente nos describe en sus historias No te parece

Preparemos nuestro portafolio

En la introducción de este cuaderno ofrecimos una pequeña explicación del portafolio. ¿Te acuerdas? Si no es así, vuelve a la página v para leer otra vez la explicación.

- Elige uno de los trabajos que hiciste en el apartado *Creemos literatura* de la lección 1, página 14 del texto para introducir en tu portafolio.

- Revísalo según el criterio siguiente:

Narración

1. ¿Tiene sentido lo que has escrito?	Sí	No
2. ¿Tiene introducción, cuerpo y conclusión?	Sí	No
3. ¿Has organizado las ideas y/o los eventos en párrafos?	Sí	No
4. ¿Has utilizado el vocabulario nuevo que has aprendido?	Sí	No
5. ¿Son correctos los signos de puntuación de tu escrito?	Sí	No
6. ¿Has recurrido a libros de consulta que te puedan ayudar a mejorar lo que has escrito?	Sí	No

Poesía

1. ¿Tiene sentido lo que has escrito?	Sí	No
2. ¿Contiene imágenes sensoriales?	Sí	No
3. ¿Concuerda tu poema con el modelo establecido (formato, número de sílabas, etc.)?	Sí	No
4. ¿Incluye por lo menos una metáfora o un símil?	Sí	No
5. ¿Has utilizado el vocabulario nuevo que has aprendido?	Sí	No
6. ¿Estás seguro(a) de que todas las palabras están bien escritas?	Sí	No

Ensayo

1. ¿Tiene sentido lo que has escrito?   Sí   No

2. ¿Tiene exposición, cuerpo y conclusión?   Sí   No

3. ¿Has apoyado tu hipótesis en los tres párrafos del cuerpo?   Sí   No

4. ¿Has resumido todo en tu conclusión?   Sí   No

5. ¿Has utilizado el vocabulario nuevo que has aprendido?   Sí   No

6. ¿Has utilizado el español estándar de manera uniforme?   Sí   No

7. ¿Estás seguro(a) de que todas las palabras están bien escritas? Sí   No

Si has contestado «no» a alguna pregunta:

- Comparte tu trabajo y el criterio de revisión con un(a) compañero(a).

- Hablen sobre las partes de tu trabajo que necesiten más atención.

- Escucha las sugerencias de tu compañero(a) y apunta sus ideas.

- Ofrécele sugerencias para mejorar su trabajo según el criterio de revisión.

- Si tienes dudas sobre la ortografía (forma de escribir) de una palabra, consulta el diccionario. (¡Ojo! Tu maestro(a) no es un diccionario.)

- Utilizando un diccionario de sinónimos, sustituye un mínimo de dos palabras de tu obra por una palabra nueva.

Una vez que estés satisfecho(a) con tu trabajo:

- Cópialo de nuevo en limpio.

- Guárdalo en tu cuaderno o en tu portafolio.

Lección 2. «Yo voy soñando caminos»

Aumentemos nuestro vocabulario

Vocabulario clave del texto

- «¡Las colinas / doradas, los verdes pinos, / las polvorientas **encinas**!»
- «Y todo el campo un momento / se queda, mudo y **sombrío**, / **meditando**»
- «La tarde más se oscurece; / y el camino que serpea / y débilmente blanquea, / se **enturbia** y desaparece.»
- «Mi cantar vuelve a **plañir**»

Ejercicio 1. Símbolos. Dibuja un símbolo en el recuadro al lado de cada palabra como ayuda para recordar su significado.

1. enturbiarse

2. sendero

3. meditar

4. sombrío

5. encina

6. plañir

Ejercicio 2. Extensión. Repasa el poema «Yo voy soñando caminos» una vez más para buscar tres palabras que sean nuevas para ti. Si todas te son familiares, busca tres que no suelas usar a menudo.

- Escribe las palabras y su significado al lado.

    1. _____ _____
    2. _____ _____
    3. _____ _____

- Ahora escribe tres oraciones originales usando estas palabras.

    1. _____
    2. _____
    3. _____

Enriquezcamos nuestro español

Los registros lingüísticos (primera parte)

Cada situación social requiere un tipo de comportamiento especial. Nos comportamos de diferentes formas según la situación social. Al ser el lenguaje un tipo de comportamiento que nos identifica, es importante que tengamos cuidado con la manera de comunicarnos ya sea por escrito u oralmente.

En el año 1967 el lingüista Martin Joos hizo un estudio sobre la comunicación humana y clasificó los diferentes tipos de lenguaje llamándolos *registros lingüísticos*. Los registros lingüísticos no tienen orden y ninguno es más correcto ni mejor que otro. El uso del registro apropiado depende del oyente, el tema y el propósito de la comunicación. Contamos con cinco registros:

1. *El registro estático.* El registro estático se utiliza en oraciones, juramentos, rituales y documentos históricos.
2. *El registro formal.* El registro formal se utiliza para impartir (dar) información, pero nunca para compartirla. Es el registro de los libros de texto y las conferencias. Este tipo de comunicación está planeado y organizado.
3. *El registro consultivo.* El registro consultivo abarca la comunicación entre dos personas. A veces tiene como fin obtener información. Es el registro que usamos con personas que no conocemos que hablan nuestro idioma.

© Prentice-Hall, Inc.

4. *El registro informal.* Entre los amigos y los compañeros usamos el registro informal. El argot (*slang*) se incluye en este registro.

5. *El registro íntimo.* Se reserva el registro íntimo para la vida en pareja: entre los esposos, los gemelos y los novios.

Ejercicio 3. Identificación lingüística. Lee los ejemplos siguientes y decide si están escritos en el registro **estático, formal, consultivo, informal** o **íntimo.** Escribe tu respuesta en la raya.

_____ 1. «¿Qué es poesía? Poesía eres tú.»

_____ 2. Un canto budista.

_____ 3. «Orale. Ya te dije que el vato no iba a querer hacerlo.»

_____ 4. «Perdón. ¿Me puede decir a qué hora sale el avión para La Paz?»

_____ 5. «El planeta Venus presenta unas condiciones ambientales absolutamente hostiles. En su superficie se registran temperaturas tan elevadas que podrían fundir el plomo.»

Escribamos correctamente

Las letras mayúsculas

Ejercicio 4. Repaso. Señala si los comentarios siguientes son ciertos (**C**) o falsos (**F**) encerrando la letra correspondiente en un círculo. Si no te acuerdas de las reglas, consulta el poema «Yo voy soñando caminos.»

1. C F Todos los escritos empiezan por una letra mayúscula.

2. C F Todas las palabras de un título se escriben con mayúscula.

3. C F Los nombres de personas, los apellidos y los apodos se escriben con mayúscula.

4. C F Las palabras que siguen a una oración interrogativa o exclamativa (encerrada en signos de exclamación) no se escriben con mayúscula.

Ejercicio 5. Cuadro de uso. Después de verificar tus respuestas del ejercicio 4, completa el siguiente cuadro de uso de letras mayúsculas y minúsculas según el modelo.

	Letras minúsculas	Letras mayúsculas	Ejemplo
Modelo: nombres propios de lugares		X	San Juan, Miami, Chiapas
1. al principio de un escrito			
2. después del punto, signos de interrogación y de admiración			
3. nombres de personas, apellidos y apodos; los nombres de animales que tienen nombres			
4. nombres de los meses y días de la semana	X		
5. nombres que sirven para designar a Dios u otra figura adorada religiosamente			
6. nombres de las estaciones del año	X		
7. títulos oficiales			el Gobernador, el Director
8. nombres de empresas, corporaciones, instituciones, etcétera			Universidad de Nueva York

Preparemos nuestro portafolio

- Lee de nuevo los trabajos que hiciste en los apartados «Ampliemos nuestra comprensión» y «Creemos literatura» de cada lección.
- Elige uno de ellos para incorporarlo a tu portafolio.
- Revísalo según los pasos siguientes:

Narración

1. ¿Tiene sentido lo que has escrito?   Sí   No
2. ¿Tiene introducción, cuerpo y conclusión?   Sí   No
3. ¿Has organizado las ideas y/o los eventos en párrafos?   Sí   No
4. ¿Has utilizado el vocabulario nuevo que has aprendido?   Sí   No
5. ¿Son correctos los signos de puntuación de tu escrito?   Sí   No
6. ¿Has recurrido a libros de consulta que te puedan ayudar   Sí   No
   a mejorar lo que has escrito?

Poesía

1. ¿Tiene sentido lo que has escrito?   Sí   No
2. ¿Contiene imágenes sensoriales?   Sí   No
3. ¿Concuerda tu poema con el modelo establecido (formato,   Sí   No
   número de sílabas, etc.)?
4. ¿Incluye por lo menos una metáfora o un símil?   Sí   No
5. ¿Has utilizado el vocabulario nuevo que has aprendido?   Sí   No
6. ¿Estás seguro(a) de que todas las palabras están bien escritas?   Sí   No

Ensayo

1. ¿Tiene sentido lo que has escrito?   Sí   No
2. ¿Tiene exposición, cuerpo y conclusión?   Sí   No
3. ¿Has apoyado tu hipótesis en los tres párrafos del cuerpo?   Sí   No
4. ¿Has resumido todo en tu conclusión?   Sí   No
5. ¿Has utilizado el vocabulario nuevo que has aprendido?   Sí   No
6. ¿Has utilizado el español estándar de manera uniforme?   Sí   No
7. ¿Estás seguro(a) de que todas las palabras están bien escritas?   Sí   No

Si necesitas ayuda o sugerencias para mejorar tu trabajo:

1. Comparte tu trabajo con un(a) compañero(a).

2. Hablen de las partes que necesiten menos y más atención de tu trabajo.

3. Escucha las sugerencias de tu compañero(a) y apunta sus ideas.

4. Una vez que hayas revisado tu trabajo según las sugerencias de tu compañero(a), revisa tu borrador una vez más.

5. Si tienes dudas sobre la ortografía de una palabra, consulta el diccionario. (¡Ojo! Tu maestro(a) no es un diccionario.)

6. Utilizando un diccionario de sinónimos, sustituye un mínimo de dos palabras de tu obra por una palabra nueva.

Una vez que estés satisfecho(a) con tu trabajo:

- Cópialo de nuevo en limpio.

- Guárdalo en tu cuaderno o tu portafolio.

© Prentice-Hall, Inc.

Lección 3. Cuatro poemas

Aumentemos nuestro vocabulario

Vocabulario clave del texto

- «Un vuelo de alas grandes y **lerdas**».

- «y **tiritan**, azules, los astros a lo lejos».

- «[...]Volaba / un **turbión** de hojas secas, ponía el sol un brillo».

- «y es tan viva, tan viva la ilusión **prodigiosa**,»

- «El limonero **lánguido** suspende / una pálida rama polvorienta,»

- «que el **hálito** de abril cercano lleva;»

- «buscando una ilusión **cándida** y vieja;»

- «algún recuerdo, en el **pretil** de piedra / de la fuente dormido, o, en el aire,»

Ejercicio 1. Sinónimos. Empareja las palabras del vocabulario de la columna A con su antónimo de la columna B.

Columna A

Columna B

_____ **1.** hálito

a. soplo

_____ **2.** lánguido

b. maravilloso

_____ **3.** lerdo

c. chaparrón

_____ **4.** tiritar

d. inocente

_____ **5.** turbión

e. temblar

_____ **6.** prodigioso

f. baranda

_____ **7.** cándido

g. débil

_____ **8.** pretil

h. lento

Ejercicio 2. Extensión. Repasa los cuatro poemas de esta lección una vez más para buscar tres palabras que sean nuevas para ti. Si todas te son familiares, busca tres que no suelas usar a menudo.

- Escribe las palabras y su significado al lado.

1. _____ _____

2. _____ _____

3. _____ _____

- Ahora escribe tres oraciones originales usando estas palabras.

1. _____

2. _____

3. _____

Enriquezcamos nuestro español

Los registros estático y formal

En la lección 1, se introdujo el tema de los registros lingüísticos y su uso en nuestra comunicación diaria. ¿Recuerdas los nombres de los cinco registros y sus funciones? Si no es así, repasa la explicación que aparece en las páginas 14–15 de este cuaderno.

- El registro estático.

Usamos el registro estático solamente en ciertas condiciones sociales que no varían, como es rezar o jurar. No tenemos que estar pendiente de su uso correcto porque nunca cambia. Habrás visto en el cine o la televisión, por ejemplo, que los testigos en un proceso jurídico hacen un juramento ante el juez antes de testificar. Las palabras de este juramento siempre son las mismas porque pertenecen al registro estático.

- El registro formal.

Es probable que te encuentres con el registro formal todos los días, sobre todo durante la jornada escolar. Usamos el registro formal para escribir ciertos tipos de documentos o para dar una conferencia; o sea, planeamos todo lo que vayamos a decir o escribir. Una carta a una amiga, por ejemplo, no necesita bosquejo, primer borrador y revisiones porque la escribimos espontáneamente, tal como se nos ocurren las ideas. En cambio, si vamos a hacer un informe con el fin de impartir información, usamos el registro formal. Los libros de texto y las películas documentales utilizan el registro formal para transmitir la información del tema a sus lectores y oyentes.

Ejercicio 3. ¿Cierto o falso? Encierra la C en un círculo si las explicaciones siguientes son correctas y la F si son falsas.

1. C F El presidente del país utiliza el registro estático para dirigirse al congreso.

2. C F No utilizamos el registro formal para conversar.

3. C F El lenguaje de los documentos históricos pertenece al registro estático.

4. C F Las noticieras televisivas utilizan el registro formal para transmitir las noticias del día.

5. C F Con el tiempo, el lenguaje del registro estático cambiará.

Escribamos correctamente

La división de palabras en sílabas

Repasa las reglas siguientes de la separación en sílabas que aprendimos en *Sendas literarias* I.

- Una vocal sola puede ser una sílaba porque se puede pronunciar sola.

  Ejemplos: **a**　　　　　e-lla　　　　　a-mor

- La división en sílabas se lleva a cabo en la consonante de la forma siguiente:
  a. una consonante entre dos vocales: la consonante se une a la segunda vocal

    Ejemplos: tu-ve　　　　　a-mor　　　　　a-cen-to

  b. dos consonantes entre dos vocales: cada vocal se une a una consonante

    Ejemplos: pro-nun-ciar　　　　　se-gun-do

    ¡Ojo! Los grupos **pr**, **pl** y **tr** no se pueden separar de esta forma.

    Ejemplos: e-jem-plo　　　　　as-tros

- Nunca se dividen las letras dobles: ch, ll, rr.
    Ejemplos: es-tre-lla-da　　　　　pe-rro

Ejercicio 4. Práctica. Copia las últimas dos estrofas del «Poema XX» de la página 29 del texto, separando las palabras en sílabas.

_____

_____

_____

_____

Los diptongos, los triptongos y los hiatos

El diptongo es la unión de una vocal fuerte (a, e, o) y una débil (i, u) que produce un solo sonido; por lo tanto, no se separan en diferentes sílabas. En español hay 14 diptongos.

Ejercicio 5. Identificación. Escribe una palabra por cada diptongo que exista en español.

1. ai _____

2. ia _____

3. ei _____

4. ie _____

5. oi _____

6. io _____

7. au _____

8. ua _____

9. eu _____

10. ue _____

11. ou _____

12. uo _____

13. iu _____

14. ui _____

¡Cuidado! El **hiato** divide un diptongo por medio del acento en la vocal débil. Por ejemplo:

- hacia (en la dirección de) ha-cia

- hacía (del verbo hacer) ha-cí-a

© Prentice-Hall, Inc.

En español tenemos cuatro triptongos. Son:

- **iai** (aliviáis)
- **iei** (aliviéis)
- **uai** (Paraguay)
- **uei** (buey)

Ejercicio 6. Completar. Completa la definición del triptongo.
Cuando se reúnen tres (1) _____, una (2) _____
y dos (3) _____ pronunciadas juntas se forma un triptongo.

Preparemos nuestro portafolio

- Lee de nuevo los trabajos que hiciste en los apartados «Ampliemos nuestra comprensión» y «Creemos literatura» de cada lección.
- Elige uno de ellos para incorporarlo a tu portafolio.
- Revísalo según los pasos siguientes:

Narración

1. ¿Tiene sentido lo que has escrito? Sí No

2. ¿Tiene introducción, cuerpo y conclusión? Sí No

3. ¿Has organizado las ideas y/o los eventos en párrafos? Sí No

4. ¿Has utilizado el vocabulario nuevo que has aprendido? Sí No

5. ¿Has utilizado el registro apropiado? Sí No

6. ¿Son correctos los signos de puntuación de tu escrito? Sí No

7. ¿Has recurrido a libros de consulta que te puedan ayudar a mejorar lo que has escrito? Sí No

Poesía

1. ¿Tiene sentido lo que has escrito?   **Sí**   **No**
2. ¿Contiene imágenes sensoriales?   **Sí**   **No**
3. ¿Concuerda tu poema con el modelo establecido
   (formato, número de sílabas, etc.)?   **Sí**   **No**
4. ¿Incluye por lo menos una metáfora o un símil?   **Sí**   **No**
5. ¿Has utilizado el vocabulario nuevo que has aprendido?   **Sí**   **No**
6. ¿Estás seguro(a) de que todas las palabras están bien escritas?   **Sí**   **No**
7. ¿Has utilizado el registro apropiado?   **Sí**   **No**

Ensayo

1. ¿Tiene sentido lo que has escrito?   **Sí**   **No**
2. ¿Tiene exposición, cuerpo y conclusión?   **Sí**   **No**
3. ¿Has apoyado tu hipótesis en los tres párrafos del cuerpo?   **Sí**   **No**
4. ¿Has resumido todo en tu conclusión?   **Sí**   **No**
5. ¿Has utilizado el vocabulario nuevo que has aprendido?   **Sí**   **No**
6. ¿Estás seguro(a) de que todas las palabras están bien escritas?   **Sí**   **No**

Si necesitas ayuda o sugerencias para mejorar tu trabajo:

1. Comparte tu trabajo con un(a) compañero(a).
2. Hablen de las áreas que necesiten menos y más atención de tu trabajo.
3. Escucha las sugerencias de tu compañero(a) y apunta sus ideas.
4. Una vez que hayas revisado tu trabajo según las sugerencias de tu compañero(a), revisa tu borrador una vez más.
5. Si tienes dudas sobre la ortografía de una palabra, consulta el diccionario. (¡Ojo! Tu maestro(a) no es un diccionario.)
6. Utilizando un diccionario de sinónimos, sustituye un mínimo de dos palabras de tu obra por una palabra nueva.

Una vez que estés satisfecho(a) con tu trabajo:

- Cópialo de nuevo en limpio.
- Guárdalo en tu cuaderno o tu portafolio.

Lección 4. «La botella de chicha»

Aumentemos nuestro vocabulario

Vocabulario clave del texto

- «[...]decidí hacer una **pesquisa** por la despensa de mi casa, con la esperanza de encontrar algún objeto vendible o **pignorable**».

- «Noté entonces, una **consternación** tan sincera en los invitados, que me creí en la obligación de intervenir».

- «Muchos de ellos dijeron que se había quedado con la miel en los labios y no faltó uno más osado que **insinuara** a mi padre si no tenía por allí otra botellita escondida».

- «No bien había ingresado a la cocina cuando sentí una voz que me interpelaba en la **penumbra**».

Ejercicio 1. Antónimos. Utilizando el vocabulario clave del texto, escribe un antónimo por cada una de las palabras siguientes.

1. claridad _____
2. desempeñar _____
3. hallazgo _____
4. consuelo _____
5. indicar con seguridad _____

25

Ejercicio 2. Extensión. Busca tres palabras más en la lectura que sean nuevas o que no suelas usar a menudo en tus conversaciones diarias.

- Escribe la palabra y su significado al lado.

1. _____   _____

2. _____   _____

3. _____   _____

- Ahora escribe tres oraciones originales usando estas palabras.

1. _____

2. _____

3. _____

Enriquezcamos nuestro español

El registro consultivo y el registro informal

El registro informal es el que más usan los adolescentes americanos, sin que importe el grupo étnico ni el idioma. A muchos, sin embargo, les resulta difícil pasar del registro informal al consultivo cuando les es necesario, porque se olvidan de acordarse de su oyente y la situación social en la que se encuentran. Puedes tener confianza con tu maestro(a) de español, pero por mucha confianza que se tengan mútuamente, no le tratarías de «tú». De la misma manera, sería una falta de educación hablarle como hablas con tus amigos dado el oyente, tu maestro(a), y la situación social (la relación entre el (la) maestro(a) y estudiante en la clase).

Recuerda que tanto el registro consultivo como el registro informal sirven para intercambiar ideas o información y dicho intercambio normalmente es espontáneo. Puedes usar el registro informal con toda tranquilidad con la familia, compañeros de clase y amigos. Cuando te encuentres con una persona mayor que no sea un familiar, deberás usar el registro formal. No olvides que el lenguaje representa la faceta más importante del comportamiento social. Intenta estar siempre pendiente de su uso correcto.

© Prentice-Hall, Inc.

Ejercicio 3. Cuadro analítico. Rellena el cuadro siguiente según la situación social indicando el registro apropiado para cada una. No te olvides de justificar tu respuesta según el ejemplo.

Situación	Registro consultivo	Registro informal	Justificación
Modelo: Una llamada a la operadora telefónica pidiendo conferencia con otro país.	X		*Necesitas información y estás intercambiando información con una persona no conocida.*
1. Una llamada telefónica a un amigo.			
2. Una pregunta dirigida a un policía.			
3. Una entrevista para un trabajo.			
4. Una consulta con tu consejera.			
5. Una reclamación en una tienda acerca de un producto defectuoso.			

Escribamos correctamente

Las reglas de acentuación

Vamos a repasar las reglas de acentuación que aprendimos en *Sendas literarias* I. Acuérdate que todas las palabras en español tienen acento. El acento se escucha en la vocal en que se hace más énfasis (el golpe). Cuando se oye el golpe, pero no se escribe, se llama **acento tónico**. El **acento ortográfico** se refiere al acento escrito.

Para averiguar si debes poner un acento o no, tienes que realizar las dos operaciones siguientes:

- Divide la palabra en sílabas.

- Determina si la palabra es **aguda, llana** (o **grave**), **esdrújula** o **sobreesdrújula**.

- ¡Ojo! Si es una palabra de una sílaba, normalmente no se acentúa ortográficamente.

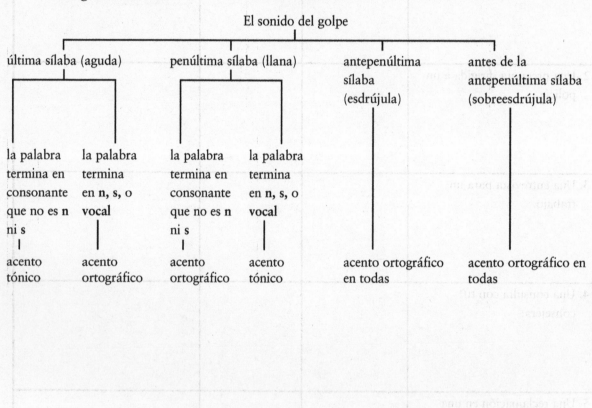

El sonido del golpe

última sílaba (aguda)		penúltima sílaba (llana)		antepenúltima sílaba (esdrújula)	antes de la antepenúltima sílaba (sobreesdrújula)
la palabra termina en consonante que no es n ni s	la palabra termina en **n, s,** o **vocal**	la palabra termina en consonante que no es n ni s	la palabra termina en **n, s,** o **vocal**		
acento tónico	acento ortográfico	acento ortográfico	acento tónico	acento ortográfico en todas	acento ortográfico en todas

Ejercicio 4. Práctica. En las citas siguientes de «La botella de chicha», subraya una palabra que cumpla con las especificaciones entre paréntesis según el modelo.

> **MODELO:** (palabra aguda / acento tónico) «En una ocasión tuve <u>necesidad</u> de una pequeña suma de dinero[...]»

1. (palabra llana / acento ortográfico) «Mi padre me había dicho que la abriría cuando yo 'me recibiera de bachiller'».

2. (palabra esdrújula) «Fíjate lo que tengo—dije mostrándole el recipiente—..»

3. (palabra aguda / acento ortográfico) «Noté, entonces, una consternación tan sincera en los invitados, que me creí en la obligación de intervenir».

4. (palabra aguda / acento tónico) «Es mucho pedir».

5. (palabra sobreesdrújula) «—¡Aquí está!—exclamé, entregándosela a mi padre.

Preparemos nuestro portafolio

- Lee de nuevo los trabajos que hiciste en los apartados «Ampliemos nuestra comprensión» y «Creemos literatura» de cada lección.

- Elige uno de ellos para incorporarlo a tu portafolio.

- Revísalo según los pasos siguientes:

Narración

1. ¿Tiene sentido lo que has escrito?	**Sí**	**No**
2. ¿Tiene introducción, cuerpo y conclusión?	**Sí**	**No**
3. ¿Has organizado las ideas y/o los eventos en párrafos?	**Sí**	**No**
4. ¿Has utilizado el vocabulario nuevo que has aprendido?	**Sí**	**No**
5. ¿Has utilizado el registro apropiado?	**Sí**	**No**
6. ¿Son correctos los signos de puntuación de tu escrito?	**Sí**	**No**
7. ¿Has recurrido a libros de consulta que te puedan ayudar a mejorar lo que has escrito?	**Sí**	**No**

Poesía

1. ¿Tiene sentido lo que has escrito?   **Sí**   **No**
2. ¿Contiene imágenes sensoriales?   **Sí**   **No**
3. ¿Concuerda tu poema con el modelo establecido
   (formato, número de sílabas, etc.)?   **Sí**   **No**
4. ¿Incluye por lo menos una metáfora o un símil?   **Sí**   **No**
5. ¿Has utilizado el vocabulario nuevo que has aprendido?   **Sí**   **No**
6. ¿Estás seguro(a) de que todas las palabras están bien escritas?   **Sí**   **No**
7. ¿Has utilizado el registro apropiado?

Ensayo

1. ¿Tiene sentido lo que has escrito?   **Sí**   **No**
2. ¿Tiene exposición, cuerpo y conclusión?   **Sí**   **No**
3. ¿Has apoyado tu hipótesis en los tres párrafos del cuerpo?   **Sí**   **No**
4. ¿Has resumido todo en tu conclusión?   **Sí**   **No**
5. ¿Has utilizado el vocabulario nuevo que has aprendido?   **Sí**   **No**
6. ¿Has utilizado el español estándar de manera uniforme?   **Sí**   **No**
7. ¿Estás seguro(a) de que todas las palabras están bien escritas?   **Sí**   **No**

Si necesitas ayuda o sugerencias para mejorar tu trabajo:

1. Comparte tu trabajo con un(a) compañero(a).
2. Hablen de las áreas que necesiten menos y más atención de tu trabajo.
3. Escucha las sugerencias de tu compañero(a) y apunta sus ideas.
4. Una vez que hayas revisado tu trabajo según las sugerencias de tu compañero(a),
   revisa tu borrador una vez más.
5. Si tienes dudas sobre la ortografía de una palabra, consulta el diccionario.
   (¡Ojo! Tu maestro(a) no es un diccionario.)
6. Utilizando un diccionario de sinónimos, sustituye un mínimo de dos palabras de
   tu obra por una palabra nueva.

Una vez que estés satisfecho(a) con tu trabajo:

• Cópialo de nuevo en limpio.
• Guárdalo en tu cuaderno o tu portafolio.

© Prentice-Hall, Inc.

Lección 5. «Confieso que he vivido»

Aumentemos nuestro vocabulario

Vocabulario clave del texto

- «Una tarde estuvo más **ensimismado**, nadó cerca de mí, pero no se distrajo con las musarañas con que yo quería enseñarle de nuevo a pescar».

- «Era la nueva directora del **liceo** de niñas».

- «Se acercaban a ellos **sigilosamente** en los botes y luego, rápido, rápido, remaban [...]»

- «Puedo decir que, Gabriel me embarcó en esa seria y terrible visión de los novelistas rusos y que Tolstoi, Dostoievski, Chejov, entraron en mi más profunda **predilección**».

- «En la costa, en el pequeño Puerto Saavedra, encontré una biblioteca municipal y un viejo poeta, don Augusto Winter, que se admiraba de mi **voracidad** literaria».

Ejercicio 1. Completar. Completa el párrafo siguiente con palabras del vocabulario clave.

El gran escritor frecuentemente nace del ávido lector. Por cierto, ése fue el caso de

Pablo Neruda, poeta chileno y ganador del Premio Nobel de literatura.

En esta selección de su libro *Confieso que he vivido,* nos cuenta cómo

(1) _____ compuso sus primeros poemas en un cuaderno de

aritmética en la soledad de su cuarto. A través de su (2) _____

literaria, el joven Neruda llegó a conocer las obras de muchos escritores, aunque

no tenía (3) _____ por autores o géneros específicos. Según él

mismo, «tragaba sin discriminar». Fue la influencia de la poetisa Gabriela Mistral,

en aquel entonces directora de (4) _____, quien lo introdujo a la

literatura rusa, abriéndole las puertas a otras visiones e inquietudes lejos del

mundo (5) _____ propio de todos los jóvenes.

Ejercicio 2. Extensión. Lee el ensayo «Confieso que he vivido» una vez más para buscar tres palabras que sean nuevas para ti. Si todas te son familiares, busca tres que no suelas usar a menudo.

- Escribe las palabras y su significado al lado.

1. _____ _____
2. _____ _____
3. _____ _____

- Ahora escribe tres oraciones originales usando estas palabras.

1. _____
2. _____
3. _____

Enriquezcamos nuestro español

El uso correcto de los registros lingüísticos

Hemos establecido que cada registro tiene su lugar y es aceptable dentro de una situación social específica. Ni un sacerdote utiliza el registro estático cuando no está cumpliendo con los quehaceres de su vocación. De la misma manera, cuando un estudiante escribe una carta a una universidad como parte de la solicitud de ingreso, no se parece en absoluto a una carta que escribe a un(a) amigo(a) que vive lejos.

También estudiamos que el uso del registro apropiado depende del oyente, la materia y el motivo de la comunicación; o sea, ¿con quién?, ¿de qué? y ¿por qué? se habla o escribe. El registro íntimo es el que usan las personas que conviven muy de cerca como pueden ser unos gemelos o un matrimonio. Entre ellos se hablan de una forma particular que se limita al entorno de su ambiente privado.

Ejercicio 3. Cuadro personal. Es importante entender los registros y ser consciente del uso del lenguaje cuando nos comunicamos con otras personas. Rellena los cuadros siguientes según el modelo.

© Prentice-Hall, Inc.

¿Qué registro es?	¿Cuándo se usa?	¿Cómo lo usas en tu vida al diario?
Modelo. El registro estático	*Es el registro que se limita a documentos históricos, ceremonias o rituales.*	*No es un registro que me sirve en la comunicación social. Sólo me avalo de él en un evento patriótico o religioso.*
1. El registro formal		
2. El registro consultivo		
3. El registro informal		
4. El registro íntimo		

Escribamos correctamente

La acentuación del diptongo, del triptongo y del hiato

¿Te acuerdas de la definición de diptongo, triptongo e hiato? Si no es así, repasa la explicación en las páginas 22–23 de este cuaderno.

El acento en el diptongo y el hiato

- Los diptongos y los triptongos llevan acento ortográfico siguiendo las reglas generales de acentuación.

- Para indicar que no se forma diptongo, el hiato se marca siempre con tilde (acento), aunque con ello no se respeten siempre las reglas generales de la acentuación.

  Ejemplo: «En el lago Budi perseguían a los cisnes con ferocidad».

Ejercicio 4. Identificación lingüística. Completa las dos listas con palabras de la página 58 de «Confieso que he vivido».

MODELO:

A. Palabras con diptongo.

_____

_____

_____

_____

B. Palabras con hiato.

_____

_____

_____

_____

_____

Preparemos nuestro portafolio

- Lee de nuevo los trabajos que hiciste en los apartados «Ampliemos nuestra comprensión» y «Creemos literatura» de cada lección.

- Elige uno de ellos para incorporarlo a tu portafolio.

- Revísalo según los pasos siguientes:

Narración

1. ¿Tiene sentido lo que has escrito?   Sí   No

2. ¿Tiene introducción, cuerpo y conclusión?   Sí   No

3. ¿Has organizado las ideas y/o los eventos en párrafos?   Sí   No

4. ¿Has utilizado el vocabulario nuevo que has aprendido?   Sí   No

5. ¿Has utilizado el registro apropiado?   Sí   No

5. ¿Son correctos los signos de puntuación de tu escrito?   Sí   No

6. ¿Has recurrido a libros de consulta que te puedan ayudar a mejorar lo que has escrito?   Sí   No

© Prentice-Hall, Inc.

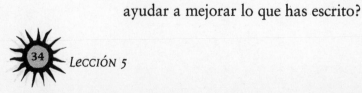

Poesía

1. ¿Tiene sentido lo que has escrito?   Sí   No

2. ¿Contiene imágenes sensoriales?   Sí   No

3. ¿Concuerda tu poema con el modelo establecido   Sí   No
   (formato, número de sílabas, etc.)?

4. ¿Incluye por lo menos una metáfora o un símil?   Sí   No

5. ¿Has utilizado el vocabulario nuevo que has aprendido?   Sí   No

6. ¿Estás seguro(a) de que todas las palabras están bien escritas?   Sí   No

7. ¿Has utilizado el registro apropiado?   Sí   No

Ensayo

1. ¿Tiene sentido lo que has escrito?   Sí   No

2. ¿Tiene exposición, cuerpo y conclusión?   Sí   No

3. ¿Has apoyado tu hipótesis en los tres párrafos del cuerpo?   Sí   No

4. ¿Has resumido todo en tu conclusión?   Sí   No

5. ¿Has utilizado el vocabulario nuevo que has aprendido?   Sí   No

6. ¿Has utilizado el español estándar de manera uniforme?   Sí   No

7. ¿Estás seguro(a) de que todas las palabras están bien escritas?   Sí   No

Si necesitas ayuda o sugerencias para mejorar tu trabajo:

1. Comparte tu trabajo con un(a) compañero(a).

2. Hablen de las áreas que necesitan menos y más atención de tu trabajo.

3. Escucha las sugerencias de tu compañero(a) y apunta sus ideas.

Una vez que hayas revisado tu trabajo según las sugerencias de tu compañero(a),
revisa tu borrador una vez más.

Si tienes dudas sobre la ortografía de una palabra, consulta el diccionario.
(¡Ojo! Tu maestro(a) no es un diccionario.)

Utilizando un diccionario de sinónimos, sustituye un mínimo de dos palabras de tu
obra por una palabra nueva.

Una vez que estés satisfecho(a) con tu trabajo:

• Cópialo de nuevo en limpio.

• Guárdalo en tu cuaderno o tu portafolio.

Unidad 1
Actividades culminantes

Repasemos lo aprendido

Vocabulario clave de la unidad

Ejercicio 1. Crucigrama. Escribe las pistas para el crucigrama siguiente.

Pistas

Verticales

2. _____

3. _____

4. _____

6. _____

10. _____

11. _____

13. _____

14. _____

15. _____

Horizontales

1. _____

5. _____

7. _____

8. _____

9. _____

12. _____

16. _____

Crossword grid:

- 1 Horizontal: P R E T I L
- 2 Vertical (from I): I N S O N I N A R
- 3 Vertical: S E Z
- 4 Vertical: B I F U R C A R S E
- 5 Horizontal: P R O D I G I O S O
- 6 Vertical: V O R A C I D A D
- 7 Horizontal: F U G A Z
- 8 Horizontal: P E N U M B R A
- 9 Horizontal: C A R P A
- 10 Vertical: L Z A N O
- 11 Vertical: M E D I T A R
- 12 Horizontal: S I L I G O S A M E N T E
- 12 Vertical: S E
- 13 Vertical: L E E R D O
- 14 Vertical: A L A R I D
- 15 Vertical: T I R I T A R
- 16 Horizontal: S E N D E R O

Conceptos literarios

Ejercicio 2. Emparejar. Empareja el término literario de la columna A con el ejemplo de la columna B escribiendo la letra correspondiente en la raya.

Columna A

_____ 1. metáfora

_____ 2. imagen olfatoria

_____ 3. ambiente

_____ 4. símil

_____ 5. imagen visual

Columna B

a. Sus dientes son como perlas.

b. «Dame una flor de tu boca»

c. Santa Fe, los años treinta

d. «besé su mano blanca de dedos afilados»

e. «el buen perfume de la hierba buena / y de la buena albahaca»

Lenguaje

Ejercicio 3. Los registros lingüísticos. Los siguientes fragmentos de escritos y conversaciones no coinciden con las reglas de uso de los registros lingüísticos.

- Léelos con atención.

- Después, escribe una crítica sobre el uso correcto o incorrecto de los registros lingüísticos empleados.

1. *(una nota pasada de una compañera a otra en la clase de matemáticas)* Por la presente te comunico mis deseos de que me esperes en la puerta de la escuela al concluir las clases con el fin de compartir novedades contigo.

_____

_____

_____

2. *(la directora de tu escuela se dirige a los estudiantes)* Este año promete ser el mejor de todos. Los maestros han pasado unas semanas planeando unas actividades de aprendizaje novedosas y divertidas de las que todos se pueden beneficiar. Además, saben que a Uds. les queremos como nunca hemos querido a ningún estudiante antes. Les queremos tanto que haríamos lo que fuera para que sean felices aquí con nosotros, sin que importe nuestro sacrificio personal.

_____

_____

_____

3. *(en una boda)*

Sacerdote: —Orale, Carlos, ¿la vas a tratar bien?—

Carlos: —Simón.—

_____

_____

_____

4. *(conversan los esposos)*

Ella: —Disculpa. ¿Me podrías indicar si tiene planes para sacar la basura?—

Él: —Claro que sí. Dentro de unos momentos pienso sacarla.—

_____

_____

_____

5. *(en un texto de literatura)* «Mira, lo que va a pasar es lo siguiente. El jefe te asignará uno de los dos poemas siguientes para que tú y otros tres chavales hagan una especie de teatrito, ¿sabes?».

_____

_____

_____

Ejercicio 4. La ortografía. Completa el párrafo siguiente añadiendo los signos de puntuación, incluidos los acentos que falten.

se han incluido cinco bellisimos poemas de lengua española en esta unidad dedicada al recuerdo en yo voy soñando caminos el poeta español antonio machado recuerda con nostalgia un amor de su juventud que le causo gran pena escribe que recuerda en el corazon tenia la espina de una pasion de la misma manera pablo neruda paul verlaine y manuel magallanes recuerdan viejos amores la ultima seleccion de la unidad también de antonio machado sirve de homenaje a las tardes placenteras sevillanas

El portafolio

La escritura como proceso

Escribir es un proceso continuo que rinde un producto final que puede ser una narración, un cuento, un poema, un ensayo, una obra de teatro o una novela. Ningún escritor se sienta a escribir una obra y la termina de una vez. Los escritos de todos los escritores, profesionales y aprendices, cambian mucho desde la primera copia hasta la versión final.

El proceso de la escritura consta de cinco etapas:

1. El bosquejo
2. El borrador
3. La revisión del manuscrito
4. La copia final
5. La publicación

Los escritores profesionales repiten los pasos dos y tres muchas veces hasta que estén satisfechos con la obra. De la misma manera, nosotros también debemos revisar nuestro trabajo continuamente para asegurarnos de que esté lo más perfecto posible.

El proceso de la escritura y el portafolio

A lo largo del año académico, estarás preparando tu portafolio de español. El portafolio, al igual que una obra literaria, representa no sólo un producto final, sino un proceso continuo. Al final de cada unidad, escogerás un ejemplar de tu producción literaria para ponerlo en el portafolio. Algunas veces querrás sustituir o añadir algo. Puesto que se trata de un reflejo de tus esfuerzos como escritor(a) y de tu propio criterio, esa decisión siempre será tuya.

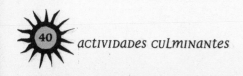

Sin embargo, hay ciertos requisitos generales para el portafolio. Debes tenerlos siempre en mente cuando tomes decisiones sobre el contenido de tu portafolio.

Al final del año tu portafolio debe incluir los escritos siguientes:

- Carta de introducción
- Propósitos personales
- Una narrativa personal
- Un poema
- Un ensayo
- Un cuento
- Reflexiones
- Los otros trabajos requeridos por tu maestro(a)

Mejoremos lo escrito

A lo largo de la primera unidad de *Sendas literarias*, has escogido cinco obras originales para introducir en tu portafolio.

- De las cinco obras, escoge la que más te guste como escritor(a).
- Léela de nuevo para hacer correcciones, revisiones o cambios que la puedan mejorar.
- Una vez que estés satisfecho(a) con las revisiones, escribe una copia final en la computadora.
- Guarda esta copia en tu portafolio.

Escribamos una vez más

Propósitos personales

Vas a escribir un ensayo sobre tu plan personal para este año escolar.

Paso 1: el bosquejo

- Piensa en tus metas personales para la clase de español durante este año.
- Escribe una serie de ideas en una hoja aparte.

actividades culminantes 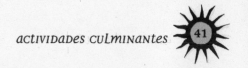 41

MODELO:

aprender a analizar las poesías
ampliar mi vocabulario de español
leer literatura de países hispanos que no conozca
mejorar la ortografía

Paso 2: el borrador

Tu ensayo, como todo ensayo académico, tendrá cinco párrafos según el formato siguiente.

Párrafo 1: exposición

- Empieza tu ensayo con algo de interés tal como un hecho, un dicho o una pregunta que atraiga el interés del lector.
- Ofrece al lector una breve explicación del propósito de tu ensayo.

Párrafo 2: describe las razones por las que decidiste tomar la clase de español para nativos.

- ¿Cómo te puede ayudar esto en tus estudios?
- ¿Cómo te puede ayudar fuera de la escuela? ¿Y en el futuro?

Párrafo 3: ¿qué esperas aprender este año?

- Nombra tres cosas específicas que quieras aprender.
- Explica tus razones.

© Prentice-Hall, Inc.

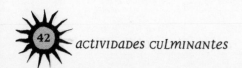

Párrafo 4: ¿qué vas a hacer para alcanzar tus metas?

- Describe un plan de estudio personal que te puede ayudar a aprovechar al máximo las oportunidades de mejorar tu español.

Párrafo 5: conclusión

- Escribe una breve explicación sobre lo que significa para ti ser bilingüe y la importancia de dominar el español, sobre todo la lectura y la escritura.

- Termina con una frase positiva acerca de tu porvenir académico como estudiante bilingüe.

Paso 3: la revisión

- Trabajando con un(a) compañero(a), revisa el contenido y la forma de tu trabajo.

Paso 4: la copia final

- Escribe tu ensayo de nuevo con las revisiones y correcciones que te haya sugerido tu compañero(a).

Paso 5: la publicación

- Una vez que estés satisfecho(a) con tu ensayo, escríbelo en la computadora y guárdalo en tu portafolio.

La Red electrónica a nuestra disposición

Como estudiamos en la sección «El portafolio», la última etapa de escribir es la publicación. Existe una variedad de medios disponibles para publicar tu obra literaria: el portafolio, el periódico escolar, una revista, entre otras. Sin embargo, hoy en día la manera más fácil y menos costosa es a través de la Red electrónica.

 Los recursos de la Red. Los monumentos históricos.

En los monumentos históricos se guardan los recuerdos nacionales del pueblo. Al igual que la literatura, algunos recuerdan tiempos pasados ilustres mientras que otros conmemoran hechos menos gloriosos. Sin embargo, todos sirven de inspiración a las personas que los visitan.

Vas a escoger tres sitios de la Red dedicados a monumentos históricos, rellenando el cuadro de comparación y contraste. A continuación indicamos una lista de direcciones para iniciar la búsqueda.

- En la guía virtual de la ciudad de México se mantienen varias páginas de interés histórico: http://www.mexicocity.com.mx/visita.html

 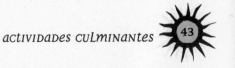

- En la dirección siguiente se encuentra todo tipo con la información pertinente acerca de La Alhambra de Granada (España):
  http://www.geocities.com/o_cubillo/Castella/visita.htm

- Familiarízate con los monumentos históricos de Venezuela en:
  http:www.venezuelavirtual.com/ciudades/sanc/sancguia/sancmonu.html

- Encontrarás información sobre los lugares más importantes de la historia y la actualidad panameñas en: http://www.pa/turismo/ciudades/index.html

- Te espera un amplia información sobre la ciudad inca de Machu Picchu en:
  http://pluto.huji.ac.il/~msjavi/machu06.htm

- Visita esta página para obtener información sobre los monumentos históricos de Chile: http://www.monumentos.cl

- En la dirección siguiente se encuentran imágenes de Puerto Rico, incluido el famoso castillo de El Morro de San Juan:
  http://www.ma.iup.edu/pueblo/latino_cultures/viejo_san_juan.html

	Nombre de lugar y país	Fecha de construcción	Significado histórico
1			
2			
3			

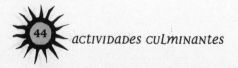

Escoge el sitio que más te gustaría visitar entre los tres que has investigado y contesta las preguntas siguientes usando los recursos de la Red electrónica. Te proporcionamos algunas sugerencias de palabras clave.

1. ¿Cómo se llama la moneda nacional del país donde se encuentra este monumento?

_____

Palabras clave: *divisas monetarias, el nombre del país, bancos*

2. ¿Cómo podrías viajar a ese país?

_____

Palabras clave: *aerolíneas, el nombre del país, turismo*

Unidad 2
«La justicia social»
Lección 1. «La muralla»

Aumentemos nuestro vocabulario

Vocabulario clave del texto

- «El **sable** del coronel[...] /—Cierra la muralla»

- «[...] desde el monte hasta la playa, bien / allá sobre el **horizonte**.»

- «al **mirto** y la yerbabuena, / abre la muralla;»

- «al veneno y al **puñal**, / cierra la muralla.»

Ejercicio 1. Sinónimos. Empareja las palabras de vocabulario de la columna A con un sinónimo de la Columna B.

Columna A   Columna B

____ **1.** mirto   **a.** espada

____ **2.** sable   **b.** vista

____ **3.** horizonte   **c.** navaja

____ **4.** puñal   **d.** alegría

Ejercicio 2. Extensión. Lee el texto una vez más para buscar tres palabras que sean nuevas para ti. Si todas te son familiares, busca tres que no suelas usar a menudo.

• Escribe las palabras y su significado al lado.

1. _____

2. _____

3. _____

• Ahora escribe tres oraciones originales usando estas palabras.

1. _____

2. _____

3. _____

Enriquezcamos nuestro español

El argot

El argot, o la jerga, es una forma lingüística que pertenece a ciertos grupos de personas como médicos, albañiles o abogados. Sin embargo, hay otros grupos que también comparten la misma jerga aunque no sean todos profesionales. Son palabras del español universal, pero con un significado coloquial. Si una persona del sudoeste de los Estados Unidos, por ejemplo, te pide «feria», no te está pidiendo que le des un carnaval, sino cambio por un billete. En España una persona sin «pasta» no es una persona que no haya comido recientemente en un restaurante italiano, sino alguien que no tiene dinero. La jerga o el argot es una forma coloquial (local) que raras veces aparece en el diccionario porque su uso se limita a un grupo especial de personas, y las poblaciones hispanohablantes que no pertenecen a ese grupo comparten un significado diferente de la palabra.

Ejercicio 3. Argot español. Escribe las definiciones de las palabras siguientes en la raya.

1. chorizo

_____

2. tío

_____

3. plegar

_____

4. tela

_____

5. dar leña

_____

Ahora lee estas definiciones según el argot de diferentes partes de España.

1. En muchas partes de España se entiende que un **chorizo** es un ladrón. *El chorizo se fue corriendo con el bolso de la señora.*

2. Un **tío** es un muchacho o un hombre. *Conocí a un tío estupendo anoche.*

3. **Plegar** en las costa del Mediterráneo significa terminar de trabajar. *Todas las tardes después de plegar, damos un paseo por el centro.*

4. **Tela** significa muy, mucho o muchos en el sur de España. *Es una muchacha tela de lista.*

5. **Dar leña** en algunas regiones españolas significa regañar o castigar. *Mi padre me va a dar leña cuando vea mis calificaciones.*

Probablemente tus respuestas del ejercicio 3 no correspondan al argot español. Es porque has utilizado el español estándar para formular tus definiciones.

El español estándar

El español estándar, al contrario del español coloquial, se entiende por todo el mundo hispanohablante. Es posible que haya una variación lingüística de una palabra en particular, pero la forma estándar también se comprende.

El español académico y el español profesional se basan en la forma estándar porque éste corresponde a los registros consultivo y formal. Aunque es totalmente aceptable usar el argot y las formas coloquiales del registro informal con amigos y familiares, en la escuela, en los trabajos y frente al público hispanohablante general, siempre hemos de utilizar el español estándar para mantenernos dentro de los registros apropiados.

Escribamos correctamente

La acentuación: las oraciones interrogativas y exclamativas
El acento diacrítico

En la lección 5 de la primera unidad aprendimos que algunas palabras con hiato no siguen las reglas generales de la acentuación. El acento diacrítico representa otra excepción a esas reglas. Es un acento que distingue una palabra de su(s) homófono(s), otras palabras que tienen el mismo sonido, pero diferente sentido.

Estudia la siguiente tabla de palabras que llevan acento diacrítico y sus homófonos.

Con acento diacrítico	*Sin acento*
aún (todavía)	aun (incluso)
dé (del verbo **dar**)	de (posesión, procedencia, etcétera)
él (pronombre personal)	el (artículo determinado)
mí (pronombre personal)	mi (adjetivo posesivo)
sé (del verbo **saber**)	se (forma reflexiva, pronombre indefinido, etcétera)
sólo (solamente)	solo (sin compañía)
té (la bebida)	te (pronombre personal)
tú (pronombre personal)	tu (adjetivo posesivo)

Ejercicio 4. Práctica. Tacha las palabras que no correspondan para completar el resumen del poema «La muralla».

En su poema «La muralla», (1) el / él poeta, Nicolás Guillén (2) sé / se dirige a todas las gentes del mundo en el nombre de la justicia social. (3) Él / El propone que todas las manos construyan una muralla. Que abramos la puerta a lo bueno, pero que no se (4) de / dé entrada a lo malo. (5) Aún / Aun falta mucho, nos indica Guillén, para que todas las razas convivan en armonía.

Preparemos nuestro portafolio

- Lee de nuevo los trabajos que hiciste en los apartados «Ampliemos nuestra comprensión» y «Creemos literatura» de cada lección.

- Elige uno de ellos para incorporarlo a tu portafolio.

- Revísalo según los pasos siguientes:

Narración

1.	¿Tiene sentido lo que has escrito?	Sí	No
2.	¿Tiene introducción, cuerpo y conclusión?	Sí	No
3.	¿Has organizado las ideas y/o los eventos en párrafos?	Sí	No
4.	¿Has utilizado el vocabulario nuevo que has aprendido?	Sí	No
5.	¿Has utilizado el registro apropiado?	Sí	No
6.	¿Son correctos los signos de puntuación de tu escrito?	Sí	No
7.	¿Has recurrido a libros de consulta que te puedan ayudar a mejorar lo que has escrito?	Sí	No

Poesía

1.	¿Tiene sentido lo que has escrito?	Sí	No
2.	¿Contiene imágenes sensoriales?	Sí	No
3.	¿Concuerda tu poema con el modelo establecido (formato, número de sílabas, etc.)?	Sí	No
4.	¿Incluye por lo menos una metáfora o un símil?	Sí	No
5.	¿Has utilizado el vocabulario nuevo que has aprendido?	Sí	No
6.	¿Estás seguro(a) de que todas las palabras están bien escritas?	Sí	No
7.	¿Has utilizado el registro apropiado?	Sí	No

Ensayo

1.	¿Tiene sentido lo que has escrito?	Sí	No
2.	¿Tiene exposición, cuerpo y conclusión?	Sí	No
3.	¿Has apoyado tu hipótesis en los tres párrafos del cuerpo?	Sí	No
4.	¿Has resumido todo en tu conclusión?	Sí	No
5.	¿Has utilizado el vocabulario nuevo que has aprendido?	Sí	No
6.	¿Has utilizado el español estándar de manera uniforme?	Sí	No
7.	¿Estás seguro(a) de que todas las palabras están bien escritas?	Sí	No

Si necesitas ayuda o sugerencias para mejorar tu trabajo:

1. Comparte tu trabajo con un(a) compañero(a).

2. Hablen de las áreas que necesiten menos y más atención de tu trabajo.

3. Escucha las sugerencias de tu compañero(a) y apunta sus ideas.

4. Una vez que hayas revisado tu trabajo según las sugerencias de tu compañero(a), revisa tu borrador una vez más.

5. Si tienes dudas sobre la ortografía de una palabra, consulta el diccionario. (¡Ojo! Tu maestro(a) no es un diccionario.)

6. Utilizando un diccionario de sinónimos, sustituye un mínimo de dos palabras de tu obra por una palabra nueva.

Una vez que estés contento(a) con tu trabajo:

- Cópialo de nuevo en limpio.
- Guárdalo en tu cuaderno o tu portafolio.

Lección 2. «Los gallinazos sin plumas»

Aumentemos nuestro vocabulario

Vocabulario clave del texto

- «Visto desde el **malecón**, el **muladar** formaba una especie de acantilado oscuro y humeante, donde los gallinazos y los perros se desplazaban como hormigas».

- «Un domingo, Efraín y Enrique llegaron al **barranco**. Los carros de la Baja Policía, siguiendo una huella de tierra, descargaban la basura sobre una pendiente de piedras».

- «Se encuentran latas de sardinas, zapatos viejos, pedazos de pan, **pericotes** muertos, algodones inmundos.»

- «¡Todavía te falta un poco, **marrano**! Pero aguarda no más, que ya llegará tu turno.»

- «—¡Ésas son patrañas! ¡Qué se lave el pie en la **acequia** y que se envuelva con un trapo».

- «Las **beatas**, los **noctámbulos**, los **canillitas** descalzos, todas las secreciones del alba comenzaban a dispersarse por la ciudad».

Ejercicio 1. Sopa de letras. Busca siete palabras del vocabulario clave del texto en la sopa de letras siguiente. Escríbelas en orden alfabético junto con su definición en las rayas.

```
R B E R O J N A
A E T H C U O C
D A O X N N C E
A T C S A D E Q
L A I R R Y L U
U K R M R W A I
M A E N A L M A
M H P R B F M T
```

1. _____ _____
2. _____ _____
3. _____ _____
4. _____ _____
5. _____ _____
6. _____ _____
7. _____ _____

Ejercicio 2. Ampliación. Lee el texto una vez más para buscar tres palabras que sean nuevas para ti. Si todas te son familiares, busca tres que no suelas usar a menudo.

• Escribe las palabras y su significado al lado.

1. _____ _____
2. _____ _____
3. _____ _____

• Ahora escribe tres oraciones originales usando estas palabras.

1. _____
2. _____
3. _____

© Prentice-Hall, Inc.

Enriquezcamos nuestro español

La Real Academia Española de la Lengua

La Real Academia Española de la Lengua fue creada en España en el año 1714 con el propósito de defender la lengua española. Con los años esta prestigiosa institución se ha extendido por todo el mundo de habla hispana con la creación de academias nacionales en todos los países donde se habla español, incluidos los Estados Unidos. Estas academias nacionales están afiliadas a la Real Academia de Madrid.

La función principal de la Academia consiste en estudiar nuestra lengua y servir como máxima autoridad sobre su uso. Cuando exista una duda sobre el uso correcto de una palabra o una estructura gramatical, se debe consultar el *Diccionario de la lengua española* (DRAE) o la *Gramática de la lengua española*, ambos publicados por la Real Academia. Todos los cambios que se efectúan en el español son votados por los miembros de todas las academias democráticamente. Cada país tiene un voto y una misma voz. En 1994, por ejemplo, la Academia decidió que la **ch** y la **ll** dejaran de funcionar como letras independientes con un apartado especial en el diccionario. Hace poco decidieron que la palabra **oscuro** también se escribiría **obscuro**, lo que anteriormente había sido considerado una falta ortográfica. Si buscas esta palabra en un diccionario publicado en los últimos años, encontrarás las dos formas: **obscuro** y **oscuro**.

El *Diccionario de la Real Academia* tiene artículos para todas las variaciones lingüísticas existentes. Si buscas una palabra, encontrarás el significado de esa palabra más los sinónimos dialécticos que existen con el nombre abreviado del país de donde procede cada uno. En el caso de **canillita**, por ejemplo, encontrarías **vendedor ambulante de periódicos** en el apartado del Perú.

Ejercicio 3. Geografía hispana. Contesta las preguntas siguientes utilizando recursos apropiados tales como mapas, un atlas o un diccionario.

1. Los artículos del *Diccionario de la lengua española* aparecen en orden alfabético por país. Por lo tanto, ¿de qué país será el uso dialéctico que encontrarás en el primer apartado de cada artículo?

   _____

   _____

2. ¿De qué país será el último apartado?

_____

_____

3. ¿Entre los nombres de qué países encontrarás el artículo de Honduras?

_____

_____

_____

4. ¿Qué significa la abreviatura R.D.?

_____

_____

5. ¿Por qué no encontrarás un apartado especificando el uso brasileño?

_____

_____

6. Las naciones caribeñas comparten muchas palabras que no se suelen usar en los otros países del mundo hispano. Por lo tanto, al consultar el *DRAE*, ¿de qué países encontrarás apartados similares?

_____

_____

Ahora te toca a ti inventar dos preguntas triviales.

7. _____

_____

8. _____

_____

Escribamos correctamente

Por qué / porque / porqué

El español coloquial suele ser una forma lingüística de comunicación oral más que escrita. En consecuencia, la ortografía de homófonos y otras formas similares resulta difícil. En esta lección, vamos a enfocar nuestro estudio en las palabras **porque, por qué** y **porqué**.

- **¿Por qué?** se utiliza para preguntar. *¿Por qué has hecho esto? ¿Por qué?*

- **Porque** responde. *No conviene demorarse mucho **porque** el enemigo está al acecho.*

- **Porqué** es un sustantivo, sinónimo de la palabra «razón.» *Todos los lectores entendemos el **porqué** de la huida de Efraín y Enrique.*

Ejercicio 4. Una entrevista al autor. Utilizando las palabras que aparecen entre paréntesis, escribe seis preguntas que podrías usar si fueras a entrevistar a Julio Ramón Ribeyro, el autor de «Los gallinazos sin plumas».

1. (porqué)

   _____

   _____

2. (porque)

   _____

   _____

3. (por qué)

   _____

   _____

4. (porque)

   _____

   _____

5. (porqué)

_____

6. (por qué)

_____

_____

Preparemos nuestro portafolio

- Lee de nuevo los trabajos que hiciste en los apartados «Ampliemos nuestra comprensión» y «Creemos literatura» de cada lección.
- Elige uno de ellos para incorporarlo a tu portafolio.
- Revísalo según los pasos siguientes:

Narración

1.	¿Tiene sentido lo que has escrito?	Sí	No
2.	¿Tiene introducción, cuerpo y conclusión?	Sí	No
3.	¿Has organizado las ideas y/o los eventos en párrafos?	Sí	No
4.	¿Has utilizado el vocabulario nuevo que has aprendido?	Sí	No
5.	¿Has utilizado el registro apropiado?	Sí	No
6.	¿Son correctos los signos de puntuación de tu escrito?	Sí	No
7.	¿Has recurrido a libros de consulta que te puedan ayudar a mejorar lo que has escrito?	Sí	No

Poesía

1.	¿Tiene sentido lo que has escrito?	Sí	No
2.	¿Contiene imágenes sensoriales?	Sí	No
3.	¿Concuerda tu poema con el modelo establecido (formato, número de sílabas, etc.)?	Sí	No
4.	¿Incluye por lo menos una metáfora o un símil?	Sí	No
5.	¿Has utilizado el vocabulario nuevo que has aprendido?	Sí	No
6.	¿Estás seguro(a) de que todas las palabras están bien escritas?	Sí	No
7.	¿Has utilizado el registro apropiado?	Sí	No

Ensayo

1. ¿Tiene sentido lo que has escrito?   Sí   No
2. ¿Tiene exposición, cuerpo y conclusión?   Sí   No
3. ¿Has apoyado tu hipótesis en los tres párrafos del cuerpo?   Sí   No
4. ¿Has resumido todo en tu conclusión?   Sí   No
5. ¿Has utilizado el vocabulario nuevo que has aprendido?   Sí   No
6. ¿Has utilizado el registro formal?   Sí   No
7. ¿Has combinado oraciones simples para formar oraciones   Sí   No
   compuestas donde corresponda?
8. ¿Estás seguro(a) de que todas las palabras están bien escritas?   Sí   No

Si has contestado «no» a alguna pregunta:

- Comparte tu trabajo y el criterio de revisión con un compañero(a).
- Hablen de las áreas que necesiten más atención de tu trabajo.
- Escucha las sugerencias de tu compañero(a) y apunta sus ideas.
- Ofrécele sugerencias para mejorar su trabajo según el criterio de revisión.
- Si tienes dudas sobre la ortografía de una palabra, consulta el diccionario. (¡Ojo! Tu maestro(a) no es un diccionario.)
- Utilizando un diccionario de sinónimos, sustituye un mínimo de dos palabras de tu obra por una palabra nueva.

Una vez que estés satisfecho(a) con tu trabajo:

- Cópialo de nuevo en limpio.
- Guárdalo en tu cuaderno o tu portafolio.

Ensayo

1. ¿Tiene sentido lo que has escrito? Sí No
2. ¿Tiene exposición, cuerpo y conclusión? Sí No
3. ¿Has apoyado tu hipótesis en los tres párrafos del cuerpo? Sí No
4. ¿Has resumido todo en tu conclusión? Sí No
5. ¿Has utilizado el vocabulario nuevo que has aprendido? Sí No
6. ¿Has utilizado el registro formal? Sí No
7. ¿Has combinado oraciones simples para formar oraciones compuestas donde corresponda? Sí No
8. ¿Estás seguro(a) de que todas las palabras están bien escritas? Sí No

Si has contestado "no" a alguna pregunta:

- Comparte tu trabajo y el criterio de revisión con un compañero(a).
- Hablen de las áreas que necesitan más atención de tu trabajo.
- Escucha las sugerencias de tu compañero(a) y apunta sus ideas.
- Ofrece sugerencias para mejorar su trabajo según el criterio de revisión.
- Si tienes dudas sobre la ortografía de una palabra, consulta el diccionario. (¡Ojo! Tu maestro(a) no es un diccionario.)
- Utilizando un diccionario de sinónimos, sustituye un mínimo de dos palabras de tu obra por una palabra nueva.

Una vez que estés satisfecho(a) con tu trabajo:

- Cópialo de nuevo en limpio.
- Guárdalo en tu cuaderno o tu portafolio.

Lección 3. «Espuma y nada más»

Aumentemos nuestro vocabulario

Vocabulario clave del texto

- «Faltaba ponerle la sábana. Ciertamente yo estaba **aturdido**.»

- «Lo colgó de uno de los clavos del ropero y encima colocó el **kepis**.»

- «Yo era un revolucionario clandestino, pero también un barbero de conciencia, orgulloso de la **pulcritud** en su oficio.»

- «El pelo se presentaba **indócil** y duro, no muy crecido, pero compacto.»

- «El asesino del capitán Torres. Lo **degolló** mientras le afeitaba la barba.»

- «En el **umbral** se detuvo un segundo y volviéndose me dijo: —Me habían dicho que usted me mataría.»

Ejercicio 1. Analogías. Completa las analogías siguientes utilizando el vocabulario clave del texto.

1. pulcritud : dejadez = abierto : _____

2. navaja : _____ = cuchillo : rebanar

3. rebelde : _____ = revolucionario : reaccionario

4. _____ : puerta = saludo : carta

5. bala : _____ = lápiz : lapicero

Ejercicio 2. Extensión. Lee el texto una vez más para buscar tres palabras que sean nuevas para ti. Si todas te son familiares, busca tres que no suelas usar a menudo.

- Escribe las palabras y su significado al lado.

1. _____ _____
2. _____ _____
3. _____ _____

- Ahora escribe tres oraciones originales usando estas palabras.

1. _____
2. _____
3. _____

Enriquezcamos nuestro español

El buen gusto en el vocabulario: hablar y escribir

¿Qué significa *buen gusto*? Normalmente lo usamos para referirnos a la manera de vestirnos, comportarnos y relacionarnos con otras personas. El buen gusto en nuestra manera de hablar y escribir les comunica a los demás cómo somos. Por lo tanto, de la misma manera en que escogemos la ropa apropiada para cada ocasión o la comida que vamos a servir a nuestros invitados, hemos de estar siempre atentos al vocabulario que vamos a usar tanto en nuestras conversaciones como en nuestra producción literaria. La elección del vocabulario apropiado depende de dos factores que estudiamos en *Sendas literarias* y en la primera unidad de este cuaderno cuando tratamos el tema de los registros lingüísticos. Son:

1. el público
2. la situación social y/o el tipo de redacción

¿Cómo sabemos si una palabra es apropiada? En el habla, por supuesto, resulta más difícil controlar el vocabulario por ser una actividad espontánea. Sin embargo, la práctica escrita se refleja de una forma natural en nuestras prácticas lingüísticas orales. Quiere decir que cuanto más escribas, mejor sabrás utilizar los cinco registros lingüísticos y su uso. En la escritura podemos recurrir a los libros de consulta disponibles como el diccionario y el diccionario de sinónimos para poder escoger las palabras más apropiadas para nuestra obra.

Ejercicio 3. Análisis. Considera la historia «Espuma y nada más» y contesta las preguntas siguientes.

1. ¿Por qué crees que Téllez se limitó al uso de pocas palabras complicadas o intelectuales en su historia?

   _____

   _____

2. ¿Por qué crees que decidió utilizar palabras del español estándar en vez de argot colombiano?

   _____

   _____

3. ¿En qué se parece Téllez al barbero?

   _____

   _____

Escribamos correctamente

Si no y sino

La conjunción **sino** y **si no**

La diferencia entre **sino** y **si no** presenta otra dificultad para el hispanohablante cuando está aprendiendo a escribir el español fluidamente.

• La palabra **sino** se usa para oponer una cosa a otra.

Ejemplos:

• El protagonista de «Espuma y nada más» no es dentista, **sino** barbero.

• Esta historia no tiene lugar en el Perú, **sino** en Colombia.

Usamos **si no** para señalar una condición.

Ejemplos:

• **Si no** hubiera sido una persona decente, el barbero podría haber matado al capitán Torres.

• El capitán Torres no habría ido a la barbería, **si no** hubiera estado seguro que no lo mataría el barbero.

Ejercicio 4. Completar. Escribe cuatro comentarios sobre «Espuma y nada más» según tu propia opinión de la historia.

1. Si no _____.

2. _____, si no _____.

3. _____, si no _____.

4. _____, si no _____.

Preparemos nuestro portafolio

- Lee de nuevo los trabajos que hiciste en los apartados «Ampliemos nuestra comprensión» y «Creemos literatura» de cada lección.

- Elige uno de ellos para incorporarlo a tu portafolio.

- Revísalo según los pasos siguientes:

Narración

1. ¿Tiene sentido lo que has escrito?	Sí	No
2. ¿Tiene introducción, cuerpo y conclusión?	Sí	No
3. ¿Has organizado las ideas y/o los eventos en párrafos?	Sí	No
4. ¿Has utilizado el vocabulario nuevo que has aprendido?	Sí	No
5. ¿Has utilizado el registro apropiado?	Sí	No
6. ¿Son correctos los signos de puntuación de tu escrito?	Sí	No
7. ¿Has recurrido a libros de consulta que te puedan ayudar a mejorar lo que has escrito?	Sí	No

Poesía

1. ¿Tiene sentido lo que has escrito?	Sí	No
2. ¿Contiene imágenes sensoriales?	Sí	No
3. ¿Concuerda tu poema con el modelo establecido (formato, número de sílabas, etc.)?	Sí	No
4. ¿Incluye por lo menos una metáfora o un símil?	Sí	No
5. ¿Has utilizado el vocabulario nuevo que has aprendido?	Sí	No
6. ¿Estás seguro(a) de que todas las palabras están bien escritas?	Sí	No
7. ¿Has utilizado el registro apropiado?	Sí	No

Ensayo

1. ¿Tiene sentido lo que has escrito?	Sí	No
2. ¿Tiene exposición, cuerpo y conclusión?	Sí	No
3. ¿Has apoyado tu hipótesis en los tres párrafos del cuerpo?	Sí	No
4. ¿Has resumido todo en tu conclusión?	Sí	No
5. ¿Has utilizado el vocabulario nuevo que has aprendido?	Sí	No
6. ¿Has utilizado el registro formal?	Sí	No
7. ¿Has combinado oraciones simples para formar oraciones compuestas donde corresponda?	Sí	No
8. ¿Estás seguro(a) de que todas las palabras están bien escritas?	Sí	No

Si necesitas ayuda o sugerencias para mejorar tu trabajo:

1. Comparte tu trabajo con un(a) compañero(a).

2. Hablen de las áreas que necesiten menos y más atención de tu trabajo.

3. Escucha las sugerencias de tu compañero(a) y apunta sus ideas.

4. Una vez que hayas revisado tu trabajo según las sugerencias de tu compañero, revisa tu borrador una vez más.

5. Si tienes dudas sobre la ortografía de una palabra, consulta el diccionario. (¡Ojo! Tu maestro(a) no es un diccionario.)

6. Utilizando un diccionario de sinónimos, sustituye un mínimo de dos palabras de tu obra por una palabra nueva.

Una vez que estés satisfecho(a) con tu trabajo:

• Cópialo de nuevo en limpio.

• Guárdalo en tu cuaderno o tu portafolio.

Lección 4. «Un día de éstos»

Aumentemos nuestro vocabulario

Vocabulario clave del texto

- «Don Aurelio Escovar, dentista sin título y buen madrugador, abrió su **gabinete** a las seis».

- «Llevaba una camisa a rayas, sin cuello, cerrada arriba con un botón dorado, y los pantalones sostenidos con **cargadores** elásticos».

- «Sin apresurarse, con un movimiento extremadamente tranquilo, dejó de pedalear en la fresa, la retiró del sillón y abrió por completo la **gaveta** inferior de la mesa».

- «Después rodó la escupidera con la punta del zapato y fue a lavarse las manos en el **aguamanil**».

Ejercicio 1. Variaciones dialécticas. Encierra en un círculo la palabra que se utilice en tu comunidad. Todas son correctas, pero el uso varía. Si existe otro sinónimo en la variante de español que hablas, escríbelo en la raya.

1. cargadores   jarretera   tirantes   _____

2. gabinete   consulta   consultorio   _____

3. aguamanil   lavabo   lavamanos   _____

4. gaveta   cajón   naveta   _____

Ejercicio 2. Extensión. Lee el texto una vez más para buscar tres palabras que sean nuevas para ti. Si todas te son familiares, busca tres que no suelas usar a menudo.

- Escribe las palabras y su significado al lado.

1. _____ _____

2. _____ _____

3. _____ _____

- Ahora escribe tres oraciones originales usando estas palabras.

1. _____

2. _____

3. _____

Enriquezcamos nuestro español

El diálogo y la narrativa

Sabemos que las palabras que escogemos y las estructuras gramaticales que incorporamos en nuestra práctica lingüística personal se basan en dos factores. ¿Cuáles son? Si no lo recuerdas, vuelve a la página 62 de la lección anterior de este cuaderno.

Ejercicio 3. Dos factores. Escribe los dos factores.

1. _____

2. _____

En la narrativa mostramos nuestras mejores destrezas lingüísticas, escogiendo las palabras más perfectas posibles y respetando las reglas y normas del español estándar y del registro formal.

Narrativa

- «Se había afeitado la mejilla izquierda, pero en la otra, hinchada y dolorida, tenía una barba de cinco días».

- «Llevó a la mesa de trabajo la cacerola con los instrumentos hervidos y los sacó del agua con unas pinzas frías, todavía sin apresurarse».

En el diálogo, sin embargo, elegimos el vocabulario y las estructuras gramaticales teniendo en cuenta tanto los personajes como la situación social en la que se encuentran. Frecuentemente el español coloquial y/o el registro informal es más apropiado. Considera estas citas de «Un día de éstos».

Diálogo

- «—Dice que si no le sacas la muela te pega un tiro».

- «—Aquí nos pagas veinte muertos, teniente».

- «—Es la misma vaina».

Ejercicio 4. Conversión lingüística. Convierte las tres citas de diálogo en narrativa utilizando oraciones compuestas.

1. _____

2. _____

3. _____

Escribamos correctamente

Las conjunciones y y o

Las conjunciones y y o cambian de forma en ciertas circunstancias.

- La conjunción y se escribe e cuando va delante de una palabra que empiece por i o hi.

Ejemplo:

Sólo Aurelio Escovar e hijo se encuentran en el gabinete cuando llega el teniente.

- Cuando la conjunción o va colocada entre dos cifras se acentúa para que no se confunda con el cero.

Ejemplo:

El teniente fue el responsable de 20 ó 30 muertes, por lo visto.

- La conjunción **o** se convierte en **u** delante de una palabra que empiece por **o** u **ho**.

Ejemplo:

De una manera **u** otra, el dentista quería vengar a los muertos.

Ejercicio 5. Corrección de errores. Corrige los errores en las oraciones siguientes.

1. El dentista no se negó a sacar la muela al teniente, si no que lo hizo sin anestesia.

2. El alcalde se paró en la puerta y hizo un comentario soez sobre el pago al dentista.

3. El alcalde habría sufrido por 5 o 6 días con la muela.

4. El dentista no usó anestesia por que quería que sufriera el teniente.

5. La descripción del ambiente sitúa la historia en el mes de septiembre o octubre.

Preparemos nuestro portafolio

- Lee de nuevo los trabajos que hiciste en los apartados «Ampliemos nuestra comprensión» y «Creemos literatura» de cada lección.

- Elige uno de ellos para incorporarlo a tu portafolio.

- Revísalo según los pasos siguientes:

Narración

1. ¿Tiene sentido lo que has escrito?   Sí   No

2. ¿Tiene introducción, cuerpo y conclusión?   Sí   No

3. ¿Has organizado las ideas y/o los eventos en párrafos?   Sí   No

4. ¿Has utilizado el vocabulario nuevo que has aprendido?   Sí   No

5. ¿Has utilizado el registro apropiado?   Sí   No

6. ¿Son correctos los signos de puntuación de tu escrito?   Sí   No

7. ¿Has recurrido a libros de consulta que te puedan ayudar   Sí   No
   a mejorar lo que has escrito?

Poesía

1. ¿Tiene sentido lo que has escrito?   Sí   No

2. ¿Contiene imágenes sensoriales?   Sí   No

3. ¿Concuerda tu poema con el modelo establecido (formato, número de sílabas, etc.)?   Sí   No

4. ¿Incluye por lo menos una metáfora o un símil?   Sí   No

5. ¿Has utilizado el vocabulario nuevo que has aprendido?   Sí   No

6. ¿Estás seguro(a) de que todas las palabras están bien escritas?   Sí   No

7. ¿Has utilizado el registro apropiado?   Sí   No

Ensayo

1. ¿Tiene sentido lo que has escrito?   Sí   No

2. ¿Tiene exposición, cuerpo y conclusión?   Sí   No

3. ¿Has apoyado tu hipótesis en los tres párrafos del cuerpo?   Sí   No

4. ¿Has resumido todo en tu conclusión?   Sí   No

5. ¿Has utilizado el vocabulario nuevo que has aprendido?   Sí   No

6. ¿Has utilizado el registro formal?   Sí   No

7. ¿Has combinado oraciones simples para formar oraciones compuestas donde corresponda?   Sí   No

8. ¿Estás seguro(a) de que todas las palabras están bien escritas?   Sí   No

Si necesitas ayuda o sugerencias para mejorar tu trabajo:

1. Comparte tu trabajo con un(a) compañero(a).

2. Hablen de las áreas que necesiten menos y más atención de tu trabajo.

3. Escucha las sugerencias de tu compañero(a) y apunta sus ideas.

4. Una vez que hayas revisado tu trabajo según las sugerencias de tu compañero(a), revisa tu borrador una vez más.

5. Si tienes dudas sobre la ortografía de una palabra, consulta el diccionario. (¡Ojo! Tu maestro(a) no es un diccionario.)

6. Utilizando un diccionario de sinónimos, sustituye un mínimo de dos palabras de tu obra por una palabra nueva.

Una vez que estés satisfecho(a) con tu trabajo:

- Cópialo de nuevo en limpio.
- Guárdalo en tu cuaderno o tu portafolio.

Lección 5. «Una palabra enorme»

Aumentemos nuestro vocabulario

Vocabulario clave del texto

- «Eso sí, se pueden matar mosquitos y cucarachas, y también vacas para hacer **churrascos**».

- «Se dice que un país es libre cuando una mujer cualquiera o un hombre cualquiera hace lo que se le **antoja**».

- «Por ejemplo está prohibido robar, aunque no es **grave** que una se quede con algún vuelto cuando Graciela, que es mi mami, me encarga alguna compra».

- «Pero mi papá está preso y sin embargo está en Libertad, porque así se llama la cárcel donde está hace ya muchos años. A eso el tío Rolando lo llama qué **sarcasmo**».

- «Cuando me pega o me **rezonga** yo le digo Ella, por que a ella no le gusta que la llame así».

Ejercicio 1. Formas gramaticales. Responde a las preguntas siguientes sobre el vocabulario clave del texto.

1. ¿Qué palabras son sustantivos? ¿Qué significan?

   _____

   _____

2. Identifica los verbos y escribe su definición al lado.

   _____

   _____

3. Hay un adjetivo en la lista. Escríbelo junto con su significado.

   _____

   _____

Ejercicio 2. Extensión. Lee el texto una vez más para buscar tres palabras que sean nuevas para ti. Si todas te son familiares, busca tres que no suelas usar a menudo.

- Escribe las palabras y su significado al lado.

1. _____ _____
2. _____ _____
3. _____ _____

- Ahora escribe tres oraciones originales usando estas palabras.

1. _____
2. _____
3. _____

Enriquezcamos nuestro español

El lenguaje no verbal

Vamos a terminar de hablar de los buenos modales lingüísticos con un estudio del lenguaje no verbal. Cuando hablamos del lenguaje verbal, nos referimos al lenguaje de palabras, ya sean habladas o escritas. El lenguaje no verbal consta de gestos, expresiones y otras manifestaciones de los sentimientos o pensamientos personales sin expresar palabras. Por ejemplo, fruncimos el ceño cuando dudamos o cuestionamos. Otra persona que nos ve, sabe que estamos dudando o cuestionando sin nosotros tener que decírselo. El **lenguaje no verbal** también se llama **lenguaje corporal**.

Ejercicio 3. Gestos. En las citas siguientes de «Una palabra enorme», la niña narradora relata algunos ejemplos de lenguaje no verbal. Explica su significado utilizando palabras.

1. «Cuando **me pega** o me rezonga yo le digo Ella[...]»

_____

_____

2. «[...]la **estrujo**[...].

_____

_____

3. «[...]me acaricia el pelo[...]»

_____

_____

Escribamos correctamente

Repasemos lo aprendido

A lo largo de esta unidad, nos hemos concentrado en algunas de las áreas de la ortografía particularmente confusas para el hispanohablante. Repasa las lecciones 1 a 4 antes de hacer el ejercicio siguiente.

Ejercicio 4. Completar. Completa el párrafo siguiente usando palabras del banco de palabras.

Banco de palabras				
porque	por qué	porqué	sino	si no
y	u	o	e	solo
sólo	de	dé	sé	se

En su cuento «Una palabra enorme», Benedetti no tan (1) _____

divierte a su lector con el relato de su personaje, una niña, (2) _____

que ofrece un comentario sobre la injusticia de ciertos tipos de gobierno. Disfrazada

de palabras dulces (3) _____ inocentes (4) _____ la niña,

su crítica no podría ser más aguda. El autor toma todas las precauciones para

que su lector se (5) _____ cuenta de la crueldad política que

está denunciando aunque la niña obviamente no entiende el verdadero

(6) _____ de los hechos. El resultado es una obra literaria con

varios niveles de lectura.

Preparemos nuestro portafolio

- Lee de nuevo los trabajos que hiciste en los apartados «Ampliemos nuestra comprensión» y «Creemos literatura» de cada lección.

- Elige uno de ellos para incorporarlo a tu portafolio.

- Revísalo según los pasos siguientes:

Narración

1. ¿Tiene sentido lo que has escrito?   **Sí   No**

2. ¿Tiene introducción, cuerpo y conclusión?   **Sí   No**

3. ¿Has organizado las ideas y/o los eventos en párrafos?   **Sí   No**

4. ¿Has utilizado el vocabulario nuevo que has aprendido?   **Sí   No**

5. ¿Has utilizado el registro apropiado?   **Sí   No**

6. ¿Son correctos los signos de puntuación de tu escrito?   **Sí   No**

7. ¿Has recurrido a libros de consulta que te puedan ayudar   **Sí   No**
   a mejorar lo que has escrito?

Poesía

1. ¿Tiene sentido lo que has escrito?   **Sí   No**

2. ¿Contiene imágenes sensoriales?   **Sí   No**

3. ¿Concuerda tu poema con el modelo establecido   **Sí   No**
   (formato, número de sílabas, etc.)?

4. ¿Incluye por lo menos una metáfora o un símil?   **Sí   No**

5. ¿Has utilizado el vocabulario nuevo que has aprendido?   **Sí   No**

6. ¿Estás seguro(a) de que todas las palabras están bien escritas?   **Sí   No**

7. ¿Has utilizado el registro apropiado?   **Sí   No**

© Prentice-Hall, Inc.

Ensayo

1. ¿Tiene sentido lo que has escrito?   Sí   No
2. ¿Tiene exposición, cuerpo y conclusión?   Sí   No
3. ¿Has apoyado tu hipótesis en los tres párrafos del cuerpo?   Sí   No
4. ¿Has resumido todo en tu conclusión?   Sí   No
5. ¿Has utilizado el vocabulario nuevo que has aprendido?   Sí   No
6. ¿Has utilizado el registro formal?   Sí   No
7. ¿Has combinado oraciones simples para formar oraciones compuestas donde corresponda?   Sí   No
8. ¿Estás seguro(a) de que todas las palabras están bien escritos?   Sí   No

Si necesitas ayuda o sugerencias para mejorar tu trabajo:

1. Comparte tu trabajo con un(a) compañero(a).
2. Hablen de áreas que necesiten menos y más atención de tu trabajo.
3. Escucha las sugerencias de tu compañero(a) y apunta sus ideas.
4. Una vez que hayas revisado tu trabajo según las sugerencias de tu compañero(a), revisa tu borrador una vez más.
5. Si tienes dudas sobre la ortografía de una palabra, consulta el diccionario. (¡Ojo! Tu maestro(a) no es un diccionario.)
6. Utilizando un diccionario de sinónimos, sustituye un mínimo de dos palabras de tu obra por una palabra nueva.

Una vez que estés satisfecho(a) con tu trabajo:

- Cópialo de nuevo en limpio.
- Guárdalo en tu cuaderno o tu portafolio.

Unidad 2
Actividades culminantes

Vocabulario

mirto	horizonte	puñal	malecón	muladar
barranco	pericotes	marrano	acequia	beatas
noctámbulos	canillitas	gabinete	cargadores	gaveta
aguamanil	churrasco	antojar	grave	sarcasmo
rezongar	aturdido	kepis	clandestino	pulcritud
indócil	degollar	umbral	sable	

Ejercicio 1. Categorizar. Escoge doce palabras del vocabulario clave de la unidad, agrupándolas en tres grupos de cuatro palabras. Titula cada grupo según el modelo. Usa una hoja aparte si es necesario.

MODELO:	*Palabras de uso dialéctico.* a. *pericote* b. *canillitas* c. *cargadores* d. *churrasco*

1. _____ a. _____ b. _____ c. _____ d. _____
2. _____ a. _____ b. _____ c. _____ d. _____
3. _____ a. _____ b. _____ c. _____ d. _____

Conceptos literarios: los elementos narrativos

Ejercicio 2. Responder. Responde a las preguntas siguientes con una oración completa. Si necesitas ayuda con la definición de algún término literario, consulta el glosario del texto.

1. Explica la ironía de la situación de don Santos al final de la historia «Los gallinazos sin plumas».

_____

_____

_____

2. ¿Cómo funciona el monólogo interior en «Espuma y nada más»?

_____

_____

_____

3. Describe el conflicto de «Un día de éstos».

_____

_____

_____

4. ¿Cuál es el tono de «La muralla»?

_____

_____

_____

5. Identifica un ejemplo de sarcasmo en una de las historias que no sea «Una palabra enorme».

_____

_____

Lenguaje

Ejercicio 3. Modificaciones. Une una oración simple de la columna A con otra oración simple de la columna B para formar una oración compleja por medio de una conjunción o una frase conjuntiva. Después agrega tres elementos más como adjetivos, adverbios, frases preposicionales u otra oración simple para mejorar la oración.

Columna A

MODELO: *Los autores hispanos se preocupan por el tema de la injusticia social.*

1. A Efraín y Enrique les unía el amor fraternal.

2. El dentista de «Un día de éstos» se vengó del alcalde.

3. La niña de «Una palabra enorme» narra la historia.

4. Nicolás Guillén escribió «La muralla».

5. El barbero de «Espuma y nada más» desdeña la maldad del capitán Torres.

Columna B

MODELO: *La desigualdad existe en todas partes.*

a. La historia es de su padre encarcelado.

b. No es capaz de matarlo.

c. Le sacó la muela sin anestesia.

d. Su abuelo les tenía abandonados.

e. Urge la fraternidad racial.

MODELO: *Los autores hispanoamericanos frecuentemente se preocupan por el tema de la injusticia social porque la desigualdad entre los miembros de la comunidad existe en todas partes del mundo.*

1. _____

_____

_____

2. _____

_____

_____

3. _____

_____

_____

4. _____

_____

_____

5. _____

_____

_____

Ejercicio 4. Los buenos modales lingüísticos. Repasa la sección «Enriquezcamos nuestro español» de las cinco lecciones de la segunda unidad de este cuaderno. Escribe un memorándum personal para utilizarlo en tus comunicaciones en español. Sigue el modelo, pero escribe las instrucciones para que las puedas entender cuando las necesites.

Memorándum
MODELO: *Necesito tener en cuenta a la persona a quien me dirijo para escoger el registro apropiado.* 1.
2.
3.
4.
5.
6.
7.
8.

El portafolio

El proceso de la escritura: la modificación

Ningún escritor hace una sola copia de su trabajo. El proceso de la escritura requiere muchas horas de dedicación desde el bosquejo hasta producir la obra publicada. En la escuela, los maestros normalmente piden un borrador y una copia final, pero en realidad, el escritor dedicado hace muchas modificaciones. En los primeros borradores se revisa el contenido. En los últimos el autor trata de sustituir palabras por otras más explícitas o descriptivas. También intenta refinar la estructura del escrito, uniendo oraciones simples para formar oraciones complejas, añadiendo frases conjuntivas para sustituir conjunciones simples y otras revisiones similares.

Mejoremos lo escrito

A lo largo de esta segunda unidad de *Sendas literarias*, has escogido cinco obras originales para introducir en tu portafolio.

- De las cinco piezas, escoge la que más te guste como escritor(a).
- Léela de nuevo para hacer correcciones, revisiones o cambios que la puedan mejorar.
- Una vez que estés satisfecho(a) con las revisiones, escribe una copia final en la computadora.
- Guarda esta copia en tu portafolio.

Escribamos una vez más

Una carta-protesta

Una carta-protesta manifiesta nuestro descontento con una situación que consideramos injusta o deficiente. Piensa en las circunstancias sociales de tu escuela o de tu comunidad que te preocupen. Escribe una carta-protesta en la que expliques la razón de tu frustración y presentes una avenida de solución. Dirige la carta al gobierno estudiantil o al alcalde de tu comunidad. No te olvides de indicar:

- quién eres
- las razones que motivan tu carta
- la solución que propones
- cómo podría llevarse a la práctica esta idea
- despedida reiterando tu convicción de que las cosas pueden mejorar si se establece el diálogo

 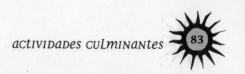

La Red electrónica a nuestra disposición

 Los recursos de la Red

Las organizaciones dedicadas a los derechos humanos

A través de las selecciones de esta unidad, hemos explorado situaciones en las cuales prevalece la injusticia, incluidos el engaño, la expropiación de tierras, la discriminación y la represión política. Existen varias organizaciones humanitarias cuyo único fin es la promoción de los derechos humanos para todos. Navega por el ciberespacio para conocer más a fondo algunas de estas organizaciones. Busca tres sitios y después completa el cuadro. Aquí sigue una lista de direcciones para iniciar la búsqueda.

- Encontrarás un sitio dedicado a los derechos humanos en Cuba en:

http://vlex.com/cu/

- La Galería de los Desaparecidos de la Argentina se encuentra en:

http://www.yendor.com/vanished/s-index.html

- La Organización de Naciones Unidas tiene su portada en:

http://www.un.org/spanish/

- Visita estas páginas para obtener información sobre la mujer y los derechos humanos:

http://www.derechos.org/koaga/viii/staff.html

- Los derechos humanos en Chile son el tema de estas páginas:

http://www.derechoschile.com/html/index.htm

Para obtener información sobre los movimientos sociales de hispanos en los Estados Unidos, los sitios siguientes tienen información en inglés.

- LULAC (League of Latin American Citizens) ofrece mucha información al navegante de la Red en: http://www.lulac.org
- La Unión de Trabajadores Campesinos (United Farm Workers) fundada por César Chávez se encuentra en: http://www.ufw.org

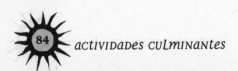

Nombre _____ Fecha _____ Clase _____

	Nombre de la organización	Misión de la organización	Logros sociales	Proyectos actuales
1				
2				
3				

Unidad 3
«Imaginación y fantasía»
Lección 1: «El ahogado más hermoso del mundo»

Aumentemos nuestro vocabulario

Vocabulario clave del texto

- «Mientras cosían sentadas en círculo, contemplando el cadáver entre puntada y puntada, les parecía que el viento no había sido nunca tan **tenaz** ni el Caribe había estado nunca tan ansioso[...]».

- «Pero el mar era manso y **pródigo**, y todos los hombres cabían en siete botes».

- «[...]a los hombres se les subieron al hígado las **suspicacias** y empezaron a rezongar[...]».

- «Andaban extraviadas por esos **dédalos** de fantasía[...]».

- «Lo compararon en secreto con sus propios hombres, pensando que no serían capaces de hacer en toda una vida lo que aquél era capaz de hacer en una noche, y terminaron por **repudiarlos** en el fondo de sus corazones[...]»

- «Los hombres creyeron que aquellos aspavientos no eran más que **frivolidades** de mujer».

- «Notaron también que sobrellevaba la muerte con altivez, pues no tenía el semblante solitario de los otros ahogados del mar, ni tampoco la **catadura** sórdida y menesterosa de los ahogados **fluviales**».

Ejercicio 1. Antónimos. Empareja los antónimos de la columna A y la columna B escribiendo la letra correspondiente en la raya.

Columna A

Columna B

_____ 1. suspicacia

a. gravedad

_____ 2. tenaz

b. acoger

_____ 3. fluvial

c. certeza

_____ 4. pródigo

d. flojo

_____ 5. frivolidad

e. serrano

_____ 6. repudiar

f. ahorrador

Ejercicio 2. Extensión. Busca tres palabras más en la lectura que sean nuevas o que no suelas usar a menudo en tus conversaciones diarias.

- Escribe las palabras y su significado al lado.

1. _____ _____

2. _____ _____

3. _____ _____

- Ahora escribe tres oraciones originales usando estas palabras.

1. _____

2. _____

3. _____

Enriquezcamos nuestro español

Sinónimos de la palabra «cosa»

En nuestros esfuerzos para perfeccionar el español, ampliando nuestros conocimientos lingüísticos y desarrollando las destrezas tanto en el habla como en la escritura, debemos prestar atención a ciertas palabras y construcciones gramaticales que empleamos en exceso. En las próximas cinco unidades, vamos a concentrarnos en algunas de esas palabras y expresiones con el fin de acostumbrarnos a utilizar un vocabulario más preciso.

© Prentice-Hall, Inc.

La palabra **cosa** se encuentra, sin duda, entre las palabras más abusadas de nuestro idioma. Siendo una palabra de significado muy general, resulta fácil emplearla como sinónimo para un sinfín de objetos y conceptos. Sin embargo, dentro del riquísimo léxico (vocabulario) español se pueden encontrar muchos términos concretos y descriptivos que sustituyan a la palabra **cosa**. Con el empleo de estas palabras, elevamos la lengua materna a otro nivel. Considera las citas siguientes de «El ahogado más hermoso del mundo» como aparecen en la obra y su hipotética construcción a base de la palabra **cosa**.

Texto original

«Pero cuando quedó varado en la playa y le quitaron <u>los matorrales de sargazos, los filamentos de medusas y los restos de cardúmenes</u> que llevaba encima, y sólo entonces descubrieron que era un ahogado».

Hipotético

«Pero cuando quedó varado en la playa y le quitaron <u>las cosas del mar</u> que llevaba encima, y sólo entonces descubrieron que era un ahogado».

Texto orginal

«Le quitaron el lodo con <u>tapones</u> de esparto, le desenredaron del cabello <u>los abrojos submarinos</u> y le rasparon <u>la rémora</u> con fierros de desescamar pescados».

Hipotético

«Le quitaron el lodo con cosas de esparto, le desenredaron del cabello <u>las cosas submarinas</u> y le rasparon <u>una cosa en su piel</u> con fierros de desescamar pescados».

Ejercicio 3. Sustitución. Sustituye la palabra **cosa** por otro sustantivo y escríbelo en la raya. No te olvides de cambiar el artículo cuando corresponda. Escoge entre las palabras del banco de palabras de modo que no se repita ninguna palabra.

> ## Banco de palabras
>
> fenómeno   atributos   tema   virtud   sustancia   acciones

_____ 1. La solidaridad es una **cosa** más bien rara incluso en una aldea tan pequeña como la de Esteban.

_____ 2. El cuerpo de la medusa se compone de una **cosa** gelatinosa.

_____ 3. La caridad es una **cosa** admirable.

_____ 4. Las **cosas** de los aldeanos reflejaban un vacío en la vida social del pueblo.

_____ 5. Las **cosas** morales que asignaron a Esteban nacían de su fantasía.

Escribamos correctamente

Los números ordinales

Los números cardinales son los que usamos para contar mientras que los números ordinales son los que usamos para ordenar. Por ejemplo, tenemos **cinco** unidades en esta unidad, pero estamos estudiando la **tercera** unidad.

Los números ordinales del uno al diez son:

1	primero	4	cuarto	7	séptimo	10	décimo
2	segundo	5	quinto	8	octavo		
3	tercero	6	sexto	9	noveno		

Recuerda que los números son adjetivos y, por lo tanto, están sujetos a las reglas de la concordancia.

- «Los **primeros** niños que vieron el promontorio oscuro y sigiloso que se acercaba por el mar, se hicieron la ilusión de que era un barco enemigo».

- La **segunda** lectura de «El ahogado más hermoso del mundo» resulta más graciosa que la primera.

¡Ojo! Antes de un sustantivo masculino singular, se omite la **o** final de los números ordinales **primero** y **tercero**: el **primer** hombre / el **tercer** niño

Ejercicio 4. Práctica. Sustituye el número cardinal que aparece entre paréntesis por el número ordinal correspondiente.

«El ahogado más hermoso del mundo» corresponde a la **(a)** **(3)** _____ etapa de la producción literaria de García Márquez. El título del libro corresponde al **(b)** **(1)** _____ cuento del libro. Otro relato, quizás el **(c)** **(2)** _____ o el **(d)** **(3)** _____ se llama «Bacalmán, vendedor de milagros» y es un magnífico ejemplo del realismo mágico aunque resulta algo violento en algunas partes. La **(e)** **(8)** _____ y última historia del libro se titula *La increíble y triste historia de la cándida Eréndira y de su abuela desalmada.*

Preparemos nuestro portafolio

- Lee de nuevo los trabajos que hiciste en los apartados «Ampliemos nuestra comprensión» y «Creemos literatura» de cada lección.

- Elige uno de ellos para incorporarlo a tu portafolio.

- Revísalo según los pasos siguientes:

Narración

1. ¿Tiene sentido lo que has escrito?	Sí	No
2. ¿Tiene introducción, cuerpo y conclusión?	Sí	No
3. ¿Has organizado las ideas y/o los eventos en párrafos?	Sí	No
4. ¿Has utilizado el vocabulario nuevo que has aprendido?	Sí	No
5. ¿Has utilizado el registro apropiado?	Sí	No
6. ¿Son correctos los signos de puntuación de tu escrito?	Sí	No
7. ¿Has recurrido a libros de consulta que te puedan ayudar a mejorar lo que has escrito?	Sí	No

Poesía

1. ¿Tiene sentido lo que has escrito?	Sí	No
2. ¿Contiene imágenes sensoriales?	Sí	No
3. ¿Concuerda tu poema con el modelo establecido (formato, número de sílabas, etc.)?	Sí	No
4. ¿Incluye por lo menos una metáfora o un símil?	Sí	No
5. ¿Has utilizado el vocabulario nuevo que has aprendido?	Sí	No

6. ¿Puedes sustituir la palabra **cosa** por otro sustantivo más exacto? **Sí** **No**

7. ¿Estás seguro(a) de que todas las palabras están bien escritas? **Sí** **No**

8. ¿Has utilizado el registro apropiado?

Ensayo

1. ¿Tiene sentido lo que has escrito? **Sí** **No**

2. ¿Tiene exposición, cuerpo y conclusión? **Sí** **No**

3. ¿Has apoyado tu hipótesis en los tres párrafos del cuerpo? **Sí** **No**

4. ¿Has resumido todo en tu conclusión? **Sí** **No**

5. ¿Has utilizado el vocabulario nuevo que has aprendido? **Sí** **No**

6. ¿Has utilizado el registro formal? **Sí** **No**

7. ¿Has combinado oraciones simples para formar oraciones compuestas donde corresponda? **Sí** **No**

8. ¿Estás seguro(a) de que todas las palabras estén bien escritas? **Sí** **No**

Si necesitas ayuda o sugerencias para mejorar tu trabajo:

1. Comparte tu trabajo con un(a) compañero(a).

2. Hablen de las áreas que necesiten menos y más atención de tu trabajo.

3. Escucha las sugerencias de tu compañero(a) y apunta sus ideas.

4. Una vez que hayas revisado tu trabajo según las sugerencias de tu compañero(a), revisa tu borrador una vez más.

5. Si tienes dudas sobre la ortografía de una palabra, consulta el diccionario.

   (¡Ojo! Tu maestro(a) no es un diccionario.)

6. Utilizando un diccionario de sinónimos, sustituye un mínimo de dos palabras de tu obra por una palabra nueva.

Una vez que estés satisfecho(a) con tu trabajo:

• Cópialo de nuevo en limpio.

• Guárdalo en tu cuaderno o tu portafolio.

Lección 2. «El árbol de oro»

Aumentemos nuestro vocabulario

Vocabulario clave del texto

- «Todos los muchachos y muchachas de la escuela admiraban y envidiaban un poco a Ivo, por el **don** que poseía de atraer la atención sobre sí, en todo momento».

- «—La flor del frío!—decía yo, con asombro—. ¡Pero el arazadú es **encarnado**!».

- «Vacié mi hucha, y, por fin, conseguí la **codiciada** llave».

- «La tierra desnuda y **yerma**, y nada más».

- «De la tierra grasienta y **pedregosa**, entre las cruces caídas, nacía un árbol grande y hermoso, con las hojas anchas de oro: encendido y brillante todo él, **cegador**».

Ejercicio 1. Crucigrama. Resuelve el crucigrama siguiente.

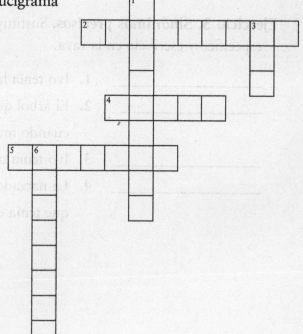

Horizontales

2. deseado con fuerza

4. un terreno sin cultivar

5. algo que quita la vista

Verticales

1. lo que se dice de un terreno lleno de piedras

3. habilidad que tiene una persona para hacer algo

6. sinónimo de rojo

Ejercicio 2. Extensión. Busca tres palabras más en la lectura que sean nuevas o que no suelas usar a menudo en tus conversaciones diarias.

- Escribe las palabras y su significado al lado.

1. _____ _____

2. _____ _____

3. _____ _____

- Ahora escribe tres oraciones originales usando estas palabras.

1. _____

2. _____

3. _____

Enriquezcamos nuestro español

Sinónimos de *tener*

Entre los verbos más excesivamente usados en español, se cuenta el verbo **tener**. Busca en un diccionario y encontrarás una lista larga de significados. De la misma manera, un diccionario de sinónimos te puede proporcionar una idea de la cantidad de sinónimos que tenemos en español para expresar el hecho de **tener**.

Ejercicio 3. Sinónimos precisos. Sustituye la forma **tener** por otro verbo más específico y escríbelo en la raya.

_____ 1. Ivo **tenía** la llave que codiciaban todos los muchachos.

_____ 2. El árbol quizás **tuviera** los mismos metros que Ivo cuando murió.

_____ 3. Ivo **tenía** una enfermedad y murió.

_____ 4. La narradora se maravilló de las hojas anchas de oro que **tenía** el árbol.

Escribamos correctamente

Del 10 a 20: los números ordinales

Los números ordinales del 11 al 20 resultan bastante confusos para la mayoría de los hispanohablantes. Son:

11 undécimo	15 decimoquinto	19 decimonoveno
12 duodécimo	16 decimosexto	20 vigésimo
13 decimotercero	17 decimoséptimo	
14 decimocuarto	18 decimoctavo	

Ejercicio 4. Análisis. Aunque en español usamos más los números cardinales que los ordinales, existen numerosos casos en que es necesario ordenar numéricamente. Completa la lista siguiente.

Se utilizan los números ordinales para:

MODELO: *numerar las filas de asientos en un cine, un teatro o un auditorio*

1. _____

2. _____

3. _____

Preparemos nuestro portafolio

- Lee de nuevo los trabajos que hiciste en los apartados «Ampliemos nuestra comprensión» y «Creemos literatura» de cada lección.

- Elige uno de ellos para incorporarlo a tu portafolio.

- Revísalo según los pasos siguientes:

Narración

1. ¿Tiene sentido lo que has escrito?   **Sí**   **No**

2. ¿Tiene introducción, cuerpo y conclusión?   **Sí**   **No**

3. ¿Has organizado las ideas y/o los eventos en párrafos?   **Sí**   **No**

4. ¿Has utilizado el vocabulario nuevo que has aprendido?   **Sí**   **No**

5. ¿Has utilizado el registro apropiado?   **Sí**   **No**

6. ¿Has buscado sinónimos para **cosa** y **tener** para ser más   **Sí**   **No**
   preciso(a) en tu expresión?

7. ¿Son correctos los signos de puntuación de tu escrito?   **Sí**   **No**

8. ¿Has recurrido a libros de consulta que te puedan ayudar a   **Sí**   **No**
   mejorar lo que has escrito?

Poesía

1. ¿Tiene sentido lo que has escrito?   **Sí**   **No**

2. ¿Contiene imágenes sensoriales?   **Sí**   **No**

3. ¿Concuerda tu poema con el modelo establecido   **Sí**   **No**
   (formato, número de sílabas, etc.)?

4. ¿Incluye por lo menos una metáfora o un símil?   **Sí**   **No**

5. ¿Has utilizado el vocabulario nuevo que has aprendido?   **Sí**   **No**

6. ¿Estás seguro(a) de que todas las palabras están bien escritas?   **Sí**   **No**

7. ¿Has utilizado el registro apropiado?   **Sí**   **No**

Ensayo

1. ¿Tiene sentido lo que has escrito?   **Sí**   **No**

2. ¿Tiene exposición, cuerpo y conclusión?   **Sí**   **No**

3. ¿Has apoyado tu hipótesis en los tres párrafos del cuerpo?   **Sí**   **No**

4. ¿Has resumido todo en tu conclusión?   **Sí**   **No**

5. ¿Has utilizado el vocabulario nuevo que has aprendido?   **Sí**   **No**

6. ¿Has utilizado el registro formal?   **Sí**   **No**

7. ¿Has combinado oraciones simples para formar oraciones   **Sí**   **No**
   compuestas donde corresponda?

8. ¿Estás seguro(a) de que todas las palabras están bien escritas?   **Sí**   **No**

Si necesitas ayuda o sugerencias para mejorar tu trabajo:

1. Comparte tu trabajo con un(a) compañero(a).

2. Hablen de las áreas que necesiten menos y más atención de tu trabajo.

3. Escucha las sugerencias de tu compañero(a) y apunta sus ideas.

4. Una vez que hayas revisado tu trabajo según las sugerencias de tu compañero(a), revisa tu borrador una vez más.

5. Si tienes dudas sobre la ortografía de una palabra, consulta el diccionario. (¡Ojo! Tu maestro(a) no es un diccionario.)

6. Utilizando un diccionario de sinónimos, sustituye un mínimo de dos palabras de tu obra por una palabra nueva.

Una vez que estés satisfecho(a) con tu trabajo:

- Cópialo de nuevo en limpio.
- Guárdalo en tu cuaderno o tu portafolio.

Lección 3. «La noche boca arriba»

Aumentemos nuestro vocabulario

Vocabulario clave del texto

- «A la mitad del largo **zaguán** del hotel pensó que debía ser tarde[...]»

- «[...]subió como el escorpión de los pantanos hasta su cuello, donde colgaba el **amuleto** protector».

- «Primero un olor a pantano, ya que a la izquierda de la calzada empezaban las **marismas**».

- «Apenas ceñidos con el taparrabos de la ceremonia, los **acólitos** de los sacerdotes se le acercaron mirándolo con desprecio».

- «Hubiera querido echar a correr, pero los **tembladerales** palpitaban a su lado».

- «Le costaba mantener los ojos abiertos, la **modorra** era más fuerte que él».

- «No se oía nada, pero el miedo seguí allí como el olor, ese **incienso** dulzón de la guerra florida».

Ejercicio 1. Conexiones. Tacha la palabra de cada grupo que no proceda.

MODELO:	marismas	pantano	estero	~~pato~~

1. amuleto   suerte   selva   mascota

2. tembladerales   temblar   frío   susto

3. acólito   incienso   ceremonia   iglesia

4. modorra   agotar   débilmente   matorral

5. zaguán   patio   portada   umbral

Ejercicio 2. Extensión. Busca tres palabras más en la lectura que sean nuevas o que no suelas usar a menudo en tus conversaciones diarias.

- Escribe las palabras y su significado al lado.

1. _____ _____
2. _____ _____
3. _____ _____

- Ahora escribe tres oraciones originales usando estas palabras.

1. _____
2. _____
3. _____

Enriquezcamos nuestro español

Sinónimos del verbo *decir*

A lo largo del día, repetimos el verbo **decir** en muchos contextos, pero pocas veces nos acordamos de sus sinónimos. Si consultas el diccionario, verás una lista larga de apartados en el artículo «**decir**» incluidos explicar, relatar, informar, exigir, mentir, demostrar[...] De ahora en adelante, trata de estar más pendiente de este verbo en tus escritos y busca un sinónimo más preciso.

Ejercicio 3. Práctica. Sustituye el verbo **decir** por otro verbo y escríbelo en la raya.

_____ 1. Un señor le **dice** al motociclista que la mujer que causó el accidente no se había hecho daño.

_____ 2. Los hombres que lo llevan a la farmacia le **dicen** que esté quieto.

_____ 3. En el hospital **dice** los olores que huele, la vista que ve y los sonidos que oye en sus sueños.

_____ 4. El señor en la cama del lado **dice** que es la fiebre que le consume al motociclista.

_____ 5. Al final del cuento, **dice** que lo moderno fue el sueño y lo antiguo la realidad.

UNIDAD 3: imaginación y fantasía

Escribamos correctamente

Los números ordinales del 30 al 100

Los números ordinales del 30 al 100 son:

30 trigésimo	60 sexagésimo	90 nonagésimo
40 cuadragésimo	70 septuagésimo	100 centésimo
50 quincuagésimo	80 octogésimo	

A lo largo de este estudio de los números ordinales quizás hayas observado la repetición de ciertas combinaciones de letras y su significado numeral. Por ejemplo, el número 5 aparece como «quin» en los números cardinales **quince** y **quinientos** y en los ordinales **quinto** y **quincuagésimo**. El reconocimiento de estos prefijos te ayudará a entender palabras que a primera vista te pueden parecer confusas.

Ejercicio 4. Síntesis. Contesta las preguntas siguientes con oraciones completas. Fíjate en la combinación de letras de cada palabra acordándote de los números ordinales.

1. ¿Cuántos soldados había en una **centuria** romana? _____

   _____

2. ¿Cuántos días hay en una **quincena**? _____

3. Si **cuadriplicas** un documento, ¿cuántas copias haces? _____

   _____

4. ¿Cuántos meses hay en un **trimestre**? _____

5. ¿Cuántos años tiene una **septuagenaria**? _____

Preparemos nuestro portafolio

- Lee de nuevo los trabajos que hiciste en los apartados «Ampliemos nuestra comprensión» y «Creemos literatura» de cada lección.

- Elige uno de ellos para incorporarlo a tu portafolio.

- Revísalo según los pasos siguientes:

Narración

1. ¿Tiene sentido lo que has escrito?   Sí   No

2. ¿Tiene introducción, cuerpo y conclusión?   Sí   No

3. ¿Has organizado las ideas y/o los eventos en párrafos?   Sí   No

4. ¿Has utilizado el vocabulario nuevo que has aprendido?   Sí   No

5. ¿Has utilizado el registro apropiado?   Sí   No

6. ¿Has limitado el uso del verbo **decir**?   Sí   No

7. ¿Son correctos los signos de puntuación de tu escrito?   Sí   No

8. ¿Has recurrido a libros de consulta que te puedan ayudar   Sí   No
   a mejorar lo que has escrito?

Poesía

1. ¿Tiene sentido lo que has escrito?   Sí   No

2. ¿Contiene imágenes sensoriales?   Sí   No

3. ¿Concuerda tu poema con el modelo establecido   Sí   No
   (formato, número de sílabas, etc.)?

4. ¿Incluye por lo menos una metáfora o un símil?   Sí   No

5. ¿Has utilizado el vocabulario nuevo que has aprendido?   Sí   No

6. ¿Estás seguro(a) de que todas las palabras están bien escritas?   Sí   No

7. ¿Has utilizado el registro apropiado?   Sí   No

Ensayo

1. ¿Tiene sentido lo que has escrito?   Sí   No

2. ¿Tiene exposición, cuerpo y conclusión?   Sí   No

3. ¿Has apoyado tu hipótesis en los tres párrafos del cuerpo?   Sí   No

4. ¿Has resumido todo en tu conclusión?   Sí   No

5. ¿Has utilizado el vocabulario nuevo que has aprendido?   Sí   No

6. ¿Has utilizado el registro formal?   Sí   No

7. ¿Has combinado oraciones simples para formar oraciones   Sí   No
   compuestas donde corresponda?

8. ¿Estás seguro(a) de que todas las palabras están bien escritas?   Sí   No

Si necesitas ayuda o sugerencias para mejorar tu trabajo:

1. Comparte tu trabajo con un(a) compañero(a).

2. Hablen de las áreas que necesiten menos y más atención de tu trabajo.

3. Escucha las sugerencias de tu compañero(a) y apunta sus ideas.

4. Una vez que hayas revisado tu trabajo según las sugerencias de tu compañero(a), revisa tu borrador una vez más.

5. Si tienes dudas sobre la ortografía de una palabra, consulta el diccionario. (¡Ojo! Tu maestro(a) no es un diccionario.)

6. Utilizando un diccionario de sinónimos, sustituye un mínimo de dos palabras de tu obra por una palabra nueva.

Una vez que estés satisfecho(a) con tu trabajo:

- Cópialo de nuevo en limpio.
- Guárdalo en tu cuaderno o tu portafolio.

Lección 4. «El sendero interior»

Aumentemos nuestro vocabulario

Vocabulario clave del texto

- «Y sin más, volvió sus pensamientos al negocio en **perspectiva**».

- «Una serenidad **inefable** penetraba el paisaje».

- «Había trabajado tanto y tan intensamente en la **consecución** de ese contrato, que apenas podía pensar en otra cosa».

- «**Súbitamente** sintió pánico».

- «Estuvo mucho, mucho rato luchando con una **pléyade** de sentimientos encontrados, sin saber a dónde acudir ni qué hacer».

Ejercicio 1. Completar. Completa las oraciones siguientes con una palabra del vocabulario clave del texto.

1. La _____ de trabajadores se ausentaba de las calles y las

   oficinas de la ciudad.

2. Un _____ silencio prevalecía.

3. La _____ de la esposa del protagonista al principio del cuento

   nos ofrece una pista acerca del desenlace.

4. Dando cuenta del enorme vació en que se encontraba, el protagonista abandonó

   _____ la oficina para volver a su casa.

5. El protagonista aprendió a valorar a las personas más que la

   _____ de beneficios económicos.

Ejercicio 2. Extensión. Busca tres palabras más en la lectura que sean nuevas o que no suelas usar a menudo en tus conversaciones diarias.

- Escribe las palabras y su significado al lado.

1. _____ _____

2. _____ _____

3. _____ _____

- Ahora escribe tres oraciones originales usando estas palabras.

1. _____

2. _____

3. _____

Enriquezcamos nuestro español

Sustituciones para *poner en* + *sustantivo*

Con demasiada frecuencia en el habla y sobre todo en la escritura, recurrimos al verbo **poner en** combinado con un sustantivo en vez de elegir otro verbo que exprese específicamente la acción que queremos describir. La próxima vez que revises tus borradores, subraya el verbo **poner en** e intenta sustituirlo por otro verbo más conciso.

Ejercicio 3. Sustitución. Sustituye las palabras en negrita por otro verbo.

1. La experiencia le **puso en guardia** al protagonista contra los peligros de la avaricia.

   _____

2. **Pondrá en marcha** nuevas iniciativas en su vida personal.

   _____

3. Su obsesión con el trabajo **ponía en peligro** la felicidad familiar.

   _____

4. Seguramente **pondrá en práctica** una nueva filosofía personal.

   _____

Escribamos correctamente

Los números ordinales en los escritos

Cuando escribimos los números ordinales, raras veces nos es necesario escribir toda la palabra. Como quizás hayas notado en los ascensores de un rascacielos o en un programa, normalmente se abrevian los números ordinales con la letra º. Recuerda, por ejemplo, cómo escribimos la fecha del primer día del mes (1º de julio 2000).

Cuando los números ordinales **primero** y **tercero** van delante de un sustantivo masculino singular se abrevian: 1er y 3er.

Ejercicio 4. Deducción. Escribe las abreviaturas de los números ordinales siguientes en la raya.

_____ **1.** sexto

_____ **2.** vigésimo

_____ **3.** duodécima

_____ **4.** trigésimo

_____ **5.** octogésimo

Preparemos nuestro portafolio

- Lee de nuevo los trabajos que hiciste en los apartados «Ampliemos nuestra comprensión» y «Creemos literatura» de cada lección.
- Elige uno de ellos para incorporarlo a tu portafolio.
- Revísalo según los pasos siguientes:

Narración

1. ¿Tiene sentido lo que has escrito?	Sí	No
2. ¿Tiene introducción, cuerpo y conclusión?	Sí	No
3. ¿Has organizado las ideas y/o los eventos en párrafos?	Sí	No
4. ¿Has utilizado el vocabulario nuevo que has aprendido?	Sí	No
5. ¿Has utilizado el registro apropiado?	Sí	No
6. ¿Has sustituido el verbo **poner en** por otros verbos más específicos?	Sí	No
7. ¿Son correctos los signos de puntuación de tu escrito?	Sí	No
8. ¿Has recurrido a libros de consulta que te puedan ayudar a mejorar lo que has escrito?	Sí	No

Poesía

1. ¿Tiene sentido lo que has escrito?   Sí   No

2. ¿Contiene imágenes sensoriales?   Sí   No

3. ¿Concuerda tu poema con el modelo establecido
   (formato, número de sílabas, etc.)?   Sí   No

4. ¿Incluye por lo menos una metáfora o un símil?   Sí   No

5. ¿Has utilizado el vocabulario nuevo que has aprendido?   Sí   No

6. ¿Estás seguro(a) de que todas las palabras están bien escritas?   Sí   No

7. ¿Has utilizado el registro apropiado?   Sí   No

Ensayo

1. ¿Tiene sentido lo que has escrito?   Sí   No

2. ¿Tiene exposición, cuerpo y conclusión?   Sí   No

3. ¿Has apoyado tu hipótesis en los tres párrafos del cuerpo?   Sí   No

4. ¿Has resumido todo en tu conclusión?   Sí   No

5. ¿Has utilizado el vocabulario nuevo que has aprendido?   Sí   No

6. ¿Has utilizado el registro formal?   Sí   No

7. ¿Has combinado oraciones simples para formar oraciones
   compuestas donde corresponda?   Sí   No

8. ¿Estás seguro(a) de que todas las palabras están bien escritas?   Sí   No

Si necesitas ayuda o sugerencias para mejorar tu trabajo:

1. Comparte tu trabajo con un(a) compañero(a).

2. Hablen de las áreas que necesiten menos y más atención de tu trabajo.

3. Escucha las sugerencias de tu compañero(a) y apunta sus ideas.

4. Una vez que hayas revisado tu trabajo según las sugerencias de tu compañero(a), revisa tu borrador una vez más.

5. Si tienes dudas sobre la ortografía de una palabra, consulta el diccionario. (¡Ojo! Tu maestro(a) no es un diccionario.)

6. Utilizando un diccionario de sinónimos, sustituye un mínimo de dos palabras de tu obra con una palabra nueva.

Una vez que estés satisfecho(a) con tu trabajo:

- Cópialo de nuevo en limpio.
- Guárdalo en tu cuaderno o tu portafolio.

Lección 5. «La casa de Asterión»

Aumentemos nuestro vocabulario

Vocabulario clave del texto

- «Tales acusaciones (que castigaré a su debido tiempo) son **irrisorias**».

- «[...]si antes de la noche volví, lo hice por el temor que me infundieron las caras de la **plebe**».

- «La gente oraba, huía, se **prosternaba**; unos **se encaramaban** al **estilóbato** del templo de las Hachas, otros juntaban piedras».

- «Las enojosas y triviales **minucias** no tienen cabida en mi espíritu[...]»

Ejercicio 1. Aplicación léxica. Sigue las instrucciones y escribe tu respuesta en la raya.

1. Escribe un antónimo de **encaramarse**. _____

2. Escribe el verbo del cual procede el adjetivo **irrisorio**. _____

3. Escribe un sinónimo de **minucia**. _____

4. Copia el sustantivo que pertenece a la jerga de la arquitectura. _____

5. Convierte el sustantivo **plebe** en adjetivo. _____

Ejercicio 2. Extensión. Busca tres palabras más en la lectura que sean nuevas o que no suelas usar mucho en tus conversaciones diarias.

- Escribe las palabras y su significado al lado.

   1. _____ _____

   2. _____ _____

   3. _____ _____

- Ahora escribe tres oraciones originales usando estas palabras.

1. _____
2. _____
3. _____

Enriquezcamos nuestro español

Sinónimos del verbo *hacer*

En nuestro esfuerzo por ser más elocuentes en español, tanto en nuestra habla como en nuestra escritura, hemos de prestar atención especial al uso del verbo **hacer**. Como los otros verbos que hemos visto a lo largo de esta unidad (**poner, tener** y **decir**), tenemos la tendencia de no molestarnos en utilizar otro verbo más conciso. Piensa en todos los usos del verbo **hacer** o consulta un diccionario con el fin de comprobar la extensión del artículo. Después completa el ejercicio 4.

Ejercicio 4. Completar. Sustituye las palabras en negrita por una palabra del banco del recuadro en su forma correcta.

redactar	acostumbrarse	componer	incluir
publicar			

1. Borges **hizo** una nueva versión de un viejo mito griego. _____

2. **Hizo** «La casa de Asterión» **para** su colección de cuentos *Narraciones*.

3. Al contrario del Asterión mitológico, el personaje de Borges no **se hace** a la soledad de su casa. _____

4. *Narraciones* se **hizo** alrededor de 1950. _____

5. ¿Cuántas ediciones habría **hecho** Borges antes de estar satisfecho con su cuento?

   _____

Escribamos correctamente

Los usos de los números romanos

El uso de los números romanos es tradicional en español, ya que nuestro idioma procede del latín. Los utilizamos para:

- abreviar un siglo

Ejemplos:

s. XVI (siglo dieciséis)

s. XX (siglo veinte)

- designar los capítulos en un libro

Ejemplos:

Capítulo XIX (diecinueve)

Capítulo LXXII (setenta y dos)

Ejercicio 4. Ordenar. Ordena los números romanos siguientes de menor a mayor.

C   IV   X   M   XL

1. _____

2. _____

3. _____

4. _____

5. _____

Preparamos nuestro portafolio

- Lee de nuevo los trabajos que hiciste en los apartados «Ampliemos nuestra comprensión» y «Creemos literatura» de cada lección.
- Elige uno de ellos para incorporarlo a tu portafolio.
- Revísalo según los pasos siguientes:

Narración

1. ¿Tiene sentido lo que has escrito?   Sí   No
2. ¿Tiene introducción, cuerpo y conclusión?   Sí   No
3. ¿Has organizado las ideas y/o los eventos en párrafos?   Sí   No
4. ¿Has utilizado el vocabulario nuevo que has aprendido?   Sí   No
5. ¿Has utilizado el registro apropiado?   Sí   No
6. ¿Has sustituido los verbos trillados como **decir, tener, poner en** y **hacer** por otros verbos más específicos?   Sí   No
7. ¿Son correctos los signos de puntuación de tu escrito?   Sí   No
8. ¿Has recurrido a libros de consulta que te puedan ayudar a mejorar lo que has escrito?   Sí   No

Poesía

1. ¿Tiene sentido lo que has escrito?   Sí   No
2. ¿Contiene imágenes sensoriales?   Sí   No
3. ¿Concuerda tu poema con el modelo establecido (formato, número de sílabas, etc.)?   Sí   No
4. ¿Incluye por lo menos una metáfora o un símil?   Sí   No
5. ¿Has utilizado el vocabulario nuevo que has aprendido?   Sí   No
6. ¿Estás seguro(a) de que todas las palabras están bien escritas?   Sí   No
7. ¿Has utilizado el registro apropiado?   Sí   No

Ensayo

1. ¿Tiene sentido lo que has escrito?	**Sí**	**No**
2. ¿Tiene exposición, cuerpo y conclusión?	**Sí**	**No**
3. ¿Has apoyado tu hipótesis en los tres párrafos del cuerpo?	**Sí**	**No**
4. ¿Has resumido todo en tu conclusión?	**Sí**	**No**
5. ¿Has utilizado el vocabulario nuevo que has aprendido?	**Sí**	**No**
6. ¿Has utilizado el registro formal?	**Sí**	**No**
7. ¿Has combinado oraciones simples para formar oraciones compuestas donde corresponda?	**Sí**	**No**
8. ¿Estás seguro(a) de que todas las palabras están bien escritas?	**Sí**	**No**

Si necesitas ayuda o sugerencias para mejorar tu trabajo:

1. Comparte tu trabajo con un(a) compañero(a).

2. Hablen de las áreas que necesiten menos y más atención de tu trabajo.

3. Escucha las sugerencias de tu compañero(a) y apunta sus ideas.

4. Una vez que hayas revisado tu trabajo según las sugerencias de tu compañero(a), revisa tu borrador una vez más.

5. Si tienes dudas sobre la ortografía de una palabra, consulta el diccionario. (¡Ojo! Tu maestro(a) no es un diccionario.)

6. Utilizando un diccionario de sinónimos, sustituye un mínimo de dos palabras de tu obra por una palabra nueva.

Una vez que estés satisfecho(a) con tu trabajo:

- Cópialo de nuevo en limpio.
- Guárdalo en tu cuaderno o tu portafolio.

Unidad 3: Actividades culminantes

Repasemos lo aprendido

Vocabulario clave de la unidad

Ejercicio 1. Completar. Utilizando las palabras del banco de palabras, completa los resúmenes de las selecciones literarias de esta unidad. Puedes utilizar una palabra solamente una vez y puedes cambiar la forma, pero no utilizarás todas las palabras.

Banco de palabras

pedregosa	suspicacia	yerma	consecución
prolífico	inefable	perspectiva	zaguán
irrisoria	minucia	tembladerales	

---

1. Jorge Luis Borges nos ofrece una _____ nueva con su recuento de un antiguo mito desde otro punto de vista.

2. La escritora española Ana María Matute describe un árbol de oro que milagrosamente brota de una tierra _____.

3. Se confunden la realidad y la fantasía en «El ahogado más hermoso del mundo» de García Márquez en el que relata el _____ cambio que ocurre en el pueblo con el hallazgo de Esteban.

4. En el ambiente de una sociedad en la que una sola persona participa hace un fuerte comentario de las _____ que nos puede proporcionar «El sendero interior» de cada uno(a).

5. La cama del protagonista herido se convierte en _____ de una antigua selva en el desarrollo de la historia «La noche boca arriba».

Conceptos literarios

Repaso de los conceptos literarios

Ejercicio 2. Responder. Responde con una oración completa. Si necesitas ayuda con la definición de algún término literario, consulta el glosario del texto.

1. Describe la ironía del mito de Asterión según la versión de Borges.

   _____

   _____

2. ¿Cuál es el punto culminante de «El árbol de oro»?

   _____

   _____

3. ¿Quién es el protagonista de «El ahogado más hermoso del mundo»?

   _____

   _____

4. Explica la dualidad del ambiente en «La noche boca arriba».

   _____

   _____

5. ¿Cuál es el conflicto de «El sendero interior»?

   _____

   _____

Lenguaje

A. Los tiempos verbales

Ejercicio 3. Una entrevista. Imagina que fueras a entrevistar a uno(a) de los autores(as) de esta unidad.

- Formula una lista de diez preguntas sobre su producción literaria.

- Debes incluir preguntas en el pasado, el presente y el futuro.

- Recuerda evitar los verbos trillados (excesivamente usados).

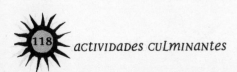

1.

2.

3.

4.

5.

6.

7.

8.

9.

10.

B. La genialidad en el lenguaje

Ejercicio 4. Precisar. Sustituya la palabra trillada que aparece en **negrita** por un sinónimo más sobresaliente.

1. **Hay** un cuento muy conocido de Borges en esta unidad dedicada a la fantasía y la imaginación. _____

2. Alomá Velilla **hace** una aguda crítica sobre el apresuramiento de la vida moderna. _____

3. La soledad de los aldeanos le atribuye a Esteban **cosas** fantasiosas. _____

4. Numerosos críticos **dicen** que Ana María Matute merece el Premio Nobel de Literatura. _____

5. «La noche boca arriba» **tiene** dos planos de realidad. _____

C. Los números ordinales y cardinales

Ejercicio 5. Ordenar. Termina de ordenar los títulos de los últimos cinco capítulos del segundo libro de *Don Quijote de La Mancha* utilizando los números 1 a 5.

_____ **a.** Capítulo LXXII: De cómo don Quijote y Sancho llegaron a su aldea

___6___ **b.** Capítulo XLLIV: De cómo don Quijote cayó malo, y del testamento que hizo y su muerte

_____ **c.** Capítulo LXIX: Del más raro y más nuevo suceso que en todo el discurso desta *(de esta)* grande historia avino a don Quijote

_____ **d.** Capítulo LXXIII: De los agüeros que tuvo don Quijote al entrar en su aldea con otros sucesos que adornan y acreditan esta grande historia

_____ **e.** Capítulo LXX: Que sigue al sesenta y nueve, y trata de cosas no excusadas para la claridad desta historia

_____ **f.** Capítulo LXXI: De lo que a don Quijote le sucedió con su escudero Sancho, yendo a su aldea

Ejercicio 6. Los números ordinales. Utiliza un número ordinal para completar las descripciones siguientes sobre los últimos seis capítulos del *Quijote*.

(1) _____ le ocurre un suceso nuevo y raro a Don Quijote.

En el (2) _____ capítulo, Cervantes hace unas clarificaciones.

La (3) _____ parte del último capítulo corresponde a la muerte

de Don Quijote.

Tu portafolio

La escritura como proceso

La copia final

En realidad no existe ninguna copia final ya que ningún escritor serio se queda completamente satisfecho con su trabajo. No obstante, siempre se necesita producir una edición pulida y preparada para la publicación. La copia final se revisa para corregir el fondo (contenido) y la forma. Se unen oraciones simples para formar construcciones compuestas. Se sustituyen lugares comunes por palabras más exactas. Se revistan detalladamente el vocabulario escogido y las estructuras gramaticales. El escritor diligente siempre consulta a otras personas con el fin de que revise su trabajo efectuando después los cambios necesarios a base de los comentarios críticos.

Mejoremos lo escrito

A lo largo de la tercera unidad de *Sendas literarias*, has escogido cinco obras originales para introducir en tu portafolio.

- De las cinco piezas, escoge la que más te guste como escritor(a).

- Léela de nuevo para hacer correcciones, revisiones o cambios que la puedan mejorar.

- Una vez que estés satisfecho(a) con las revisiones, escribe una copia final en la computadora.

- Guarda esta copia en tu portafolio.

 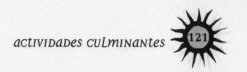

Escribamos una vez más

Tres poemas haikú

El haikú es una forma de poesía japonesa que tradicionalmente trata sobre el tema de la naturaleza. Consiste en tres versos sencillos según el modelo siguiente:

Verso 1: cinco sílabas

Verso 2: siete sílabas

Verso 3: cinco sílabas

Escribe tres poemas haikú sobre algún fenómeno o personaje fantástico. Pueden ser acerca de uno de los personajes de los cuentos que hemos leído en esta unidad o sobre otro tema que elijas.

> **MODELO:**
> El minotauro
> espera compañía
> no viene nadie
>
> El relámpago
> Furia de los dioses
> Raja la tierra

La Red electrónica a nuestra disposición

Un cuento fantástico en colaboración

 Los recursos de la Red

La fantasía y la imaginación en el ciberespacio

La Red electrónica proporciona al escritor novicio la oportunidad de publicar su obra sin gastos mientras la distribuye automáticamente a un número infinito de lectores. De la misma manera, al lector voraz nunca le faltarán lecturas con la Red a su disposición. Como actividad final de esta unidad, visita tres direcciones electrónicas que ofrezcan obras originales de literatura de fantasía. Escoge la que más te guste y escribe un artículo crítico sobre ella para el periódico de la clase o de la escuela. Después manda tu artículo al autor por correo electrónico.

Aquí te ofrecemos algunas direcciones electrónicas que puedes explorar:

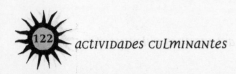

- Para una colección de cuentos, incluidos algunos de fantasía, visita:

  http://www.ika.com/cuentos/menu.html

- Hay un sitio fabuloso en:

  http://www.geocities.com/Area51/Rampart/1486/index.html

- AxxónLine es una revista electrónica dedicada a la ciencia ficción, la fantasía y el terror:

  http://www.giga.com.ar/axxon/axxon.htm

- Si te gusta la ciencia ficción, no te pierdas Planeta Prohibido en:
  http://granavenida.com/planetaprohibido/literatura.htm

Unidad 4
«Las mujeres en primer plano»
Lección 1. «Yo soy Rigoberta Menchú y así me nació la conciencia»

Aumentemos nuestro vocabulario

Vocabulario clave del texto

- «En primer lugar en Guatemala existen veintidós **etnias** indígenas, y consideramos que una de las etnias también son los compañeros ladino, como les llaman[...]»

- «Pero cuando se murió su padre tenía un poco de **milpa** y ese poco de milpa se acabó[...]»

- «Así fue también como mi papá empezó a trabajar en las costas, en las **fincas**».

- «Pero a medida que fueron haciendo grandes esfuerzos lograron tener en el **altiplano** una casita».

- «Mi mamá decía que había veces que se perdían, pues, al salir de la montaña no se ubicaban porque las montañas son bastantes grandes y casi no cae rayo de sol debajo de las plantas. Es muy **tupido**».

- «Los **terratenientes**, pues, son dueños de grandes extensiones de tierra».

Ejercicio 1. Sinónimos. Escribe la palabra del vocabulario clave que es sinónimo.

_____ 1. maíz

_____ 2. mestizo

_____ 3. hacendado

_____ 4. rancho

_____ 5. denso

_____ 6. cumbre

_____ 7. tribu

Ejercicio 2. Extensión. Lee el texto una vez más para buscar tres palabras que sean nuevas para ti. Si todas te son familiares, busca tres que no suelas usar a menudo.

- Escribe las palabras y su significado al lado.

  1. _____ _____

  2. _____ _____

  3. _____ _____

- Ahora escribe tres oraciones originales usando estas palabras.

  1. _____

  2. _____

  3. _____

Enriquezcamos nuestro español

El giro negativo

El giro negativo puede expresarse cambiando **no + verbo** por un verbo que sí tiene significado negativo. Este cambio facilita la fluidez de la comunicación y refleja un mayor dominio del idioma. Por ejemplo:

Correcto:

Frecuentemente los hechos sociales **no están de acuerdo** con las promesas políticas.

Mejor

Frecuentemente los hechos sociales **están en desacuerdo** con las promesas políticas.

Ejercicio 3. Práctica. Sustituye las palabras en **negrita** por un verbo de significado negativo escribiéndolo en la raya. Escoge entre estos infinitivos: **fracasar, omitirse, ignorar, rechazar, detestar.**

1. Gracias a Rigoberta Menchú, ha nacido la conciencia de muchas personas que **no sabían de** la penosa situación indígena. _____

2. Rigoberta **no acepta** la violencia como medio de lograr la paz. _____

3. Los enemigos de Rigoberta **no han tenido éxito** en sus esfuerzos por callarla. _____

4. En el testimonio, **no se describen** los detalles de la tortura que sufrieron los hermanos de Rigoberta. _____

5. **No puedo soportar** la injusticia social sufrida por cualquier grupo de personas. _____

Escribamos correctamente

Homófonos: las letras *b* y *v*

Recordarás que los homófonos son palabras con un mismo sonido, pero diferentes significados.

Por ejemplo, **tuvo** y **tubo** se pronuncian de la misma manera, pero la primera palabra es la forma verbal de la tercera persona singular del pretérito mientras que la segunda es un sustantivo. A lo largo de esta unidad, vamos a repasar los homófonos más comunes del español.

Ejercicio 4. Elegir. Elige el homófono que complete correctamente la oración y escríbelo en la raya.

1. (bello-vello) Hay algunas partes del testimonio de Rigoberta Menchú que te ponen el _____ de punta.

2. (rebelar-revelar) El testimonio de Rigoberta fue la manera que escogió para _____se.

3. (hierba-hierva) Sin nada más que _____ para comer, cuenta Rigoberta, que los indígenas guatemaltecos se morían a temprana edad.

4. (bacila-vacila) Rigoberta Menchú no _____ en levantarse contra la injusticia.

5. (sabia-savia) Rigoberta Menchú es prueba de que una persona analfabeta también puede ser _____.

Preparemos nuestro portafolio

- Lee de nuevo los trabajos que hiciste en los apartados «Ampliemos nuestra comprensión» y «Creemos literatura» de cada lección.

- Elige uno de ellos para incorporarlo a tu portafolio.

- Revísalo según los pasos siguientes:

Narración

1. ¿Tiene sentido lo que has escrito?	Sí	No
2. ¿Tiene introducción, cuerpo y conclusión?	Sí	No
3. ¿Has organizado las ideas y/o los eventos en párrafos?	Sí	No
4. ¿Has utilizado el vocabulario nuevo que has aprendido?	Sí	No
5. ¿Has utilizado el registro apropiado?	Sí	No
6. ¿Has sustituido las palabras trilladas por otras más concisas?	Sí	No
7. ¿Has utilizado los verbos de giro negativo?	Sí	No
8. ¿Son correctos los signos de puntuación de tu escrito?	Sí	No
9. ¿Has recurrido a libros de consulta que te puedan ayudar a mejorar lo que has escrito?	Sí	No

Poesía

1. ¿Tiene sentido lo que has escrito?	Sí	No
2. ¿Contiene imágenes sensoriales?	Sí	No
3. ¿Concuerda tu poema con el modelo establecido (formato, número de sílabas, etc.)?	Sí	No
4. ¿Incluye por lo menos una metáfora o un símil?	Sí	No
5. ¿Has utilizado el vocabulario nuevo que has aprendido?	Sí	No
6. ¿Estás seguro(a) de que todas las palabras están bien escritas?	Sí	No
7. ¿Has utilizado el registro apropiado?	Sí	No

Ensayo

1. ¿Tiene sentido lo que has escrito?	Sí	No
2. ¿Tiene exposición, cuerpo y conclusión?	Sí	No
3. ¿Has apoyado tu hipótesis en los tres párrafos del cuerpo?	Sí	No
4. ¿Has resumido todo en tu conclusión?	Sí	No
5. ¿Has utilizado el vocabulario nuevo que has aprendido?	Sí	No
6. ¿Has utilizado el registro formal?	Sí	No
7. ¿Has sustituido las palabras trilladas por otras más concisas?	Sí	No
8. ¿Has utilizado los verbos de giro negativo?	Sí	No
9. ¿Has combinado oraciones simples para formar oraciones compuestas donde corresponda?	Sí	No
10. ¿Estás seguro(a) de que todas las palabras están bien escritas?	Sí	No

Si necesitas ayuda o sugerencias para mejorar tu trabajo:

1. Comparte tu trabajo con un(a) compañero(a).
2. Hablen de las áreas que necesiten menos y más atención de tu trabajo.
3. Escucha las sugerencias de tu compañero(a) y apunta sus ideas.
4. Una vez que hayas revisado tu trabajo según las sugerencias de tu compañero(a), revisa tu borrador una vez más.
5. Si tienes dudas sobre la ortografía de una palabra, consulta el diccionario. (¡Ojo! Tu maestro(a) no es un diccionario.)
6. Utilizando un diccionario de sinónimos, sustituye un mínimo de dos palabras de tu obra por una palabra nueva.

Una vez que estés satisfecho(a) con tu trabajo:

- Cópialo de nuevo en limpio.
- Guárdalo en tu cuaderno o tu portafolio.

Lección 2. «Zapatos de huevo»

Aumentemos nuestro vocabulario

Vocabulario clave del texto

- «Ésa era la única ocasión que mi papá me **halagaba**. Decía que yo hacía papas fritas mejor que cualquier otra mujercita».

- «Y mi cama nueva, pues, era una **zalea**».

- «Siempre me **repugnaban** a mí—¡tan amargosas que eran algunas!—pero ahora tengo que agradecerle porque nos crió a todos nosotros con esos tés tan agrios y **mordaces**».

- «Mi tía Juana, es, era una **hipocondríaca**».

Ejercicio 1. Aplicación. Contesta las preguntas siguientes con una palabra del vocabulario clave del texto. Usa cada palabra una vez solamente.

1. ¿Qué palabra es antónimo de despreciar? _____

2. ¿Cuál es sinónimo de desagradar? _____

3. ¿Cuál es sustantivo y sinónimo de pelaje? _____

4. ¿Cuál es el único adjetivo de la lista? _____

5. ¿Qué significa el otro sustantivo? _____

Ejercicio 2. Extensión. Busca tres palabras más en la lectura que sean nuevas o que no suelas usar a menudo en tus conversaciones a diarias.

- Escribe las palabras y su significado al lado.

1. _____ _____

2. _____ _____

3. _____ _____

- Ahora escribe tres oraciones originales usando estas palabras.

1. _____

2. _____

3. _____

Enriquezcamos nuestro español

¿Qué? y ¿Cuál?

Los hispanohablantes de los Estados Unidos se confunden con frecuencia en el uso de estas dos palabras interrogativas debido a la interferencia del idioma inglés. Para facilitar el uso normal de estas dos palabras, recuerda:

- **Cuál** suele ir delante de un verbo.

Ejemplos:

¿Cuál es el recuerdo de la tía Juana que más destaca en la mente de la narradora?

¿Cuál fue el personaje con más fuerza de voluntad?

- **Qué** suele ir delante de un sustantivo.

Ejemplos:

¿Qué cuentos has leído de Jim Sagel?

¿Qué obras vas a incluir en tu portafolio?

Ejercicio 3. Redacción. Formula cuatro preguntas dirigidas al autor de «Zapatos de huevo» utilizando ¿Qué? y ¿Cuál?

1. _____

2. _____

3. _____

4. _____

Escribamos correctamente

Homófonos: las letras y y ll

Desafortunadamente, no hay reglas que rijan el uso de los homófonos. Por lo tanto, tenemos que memorizar la ortografía de cada uno. Ahora vamos a practicar homófonos con las letras y y ll.

Ejercicio 4. Definiciones. Escribe la palabra al lado de su significado.

_____ 1. tela parecida a una red

_____ 2. perder las fuerzas y el sentido durante un momento

_____ 3. descarga eléctrica producida por el choque de dos nubes

_____ 4. parte dura que se forma en los pies, en las manos o en otras partes del cuerpo

_____ 5. tipo de carbón que se usa como combustible y para obtener alquitrán

Preparemos nuestro portafolio

- Lee de nuevo los trabajos que hiciste en los apartados «Ampliemos nuestra comprensión» y «Creemos literatura» de cada lección.
- Elige uno de ellos para incorporarlo a tu portafolio.
- Revísalo según los pasos siguientes:

Narración

1. ¿Tiene sentido lo que has escrito?   Sí   No
2. ¿Tiene introducción, cuerpo y conclusión?   Sí   No
3. ¿Has organizado las ideas y/o los eventos en párrafos?   Sí   No
4. ¿Has utilizado el vocabulario nuevo que has aprendido?   Sí   No
5. ¿Has utilizado el registro apropiado?   Sí   No
6. ¿Has refinado el vocabulario lo mejor que puedas?   Sí   No
7. ¿Son correctos los signos de puntuación de tu escrito?   Sí   No
8. ¿Has recurrido a libros de consulta que te puedan ayudar   Sí   No
   a mejorar lo que has escrito?

Poesía

1. ¿Tiene sentido lo que has escrito?   Sí   No

2. ¿Contiene imágenes sensoriales?   Sí   No

3. ¿Concuerda tu poema con el modelo establecido   Sí   No
   (formato, número de sílabas, etc.)?

4. ¿Incluye por lo menos una metáfora o un símil?   Sí   No

5. ¿Has utilizado el vocabulario nuevo que has aprendido?   Sí   No

6. ¿Estás seguro(a) de que todas las palabras están bien escritas?   Sí   No

7. ¿Has utilizado el registro apropiado?   Sí   No

Ensayo

1. ¿Tiene sentido lo que has escrito?   Sí   No

2. ¿Tiene exposición, cuerpo y conclusión?   Sí   No

3. ¿Has apoyado tu hipótesis en los tres párrafos del cuerpo?   Sí   No

4. ¿Has resumido todo en tu conclusión?   Sí   No

5. ¿Has utilizado el vocabulario nuevo que has aprendido?   Sí   No

6. ¿Has utilizado el registro formal?   Sí   No

7. ¿Has combinado oraciones simples para formar oraciones   Sí   No
   compuestas donde corresponda?

8. ¿Estás seguro(a) de que todas las palabras están bien escritas?   Sí   No

Si necesitas ayuda o sugerencias para mejorar tu trabajo:

1. Comparte tu trabajo con un(a) compañero(a).

2. Hablen de las áreas que necesiten menos y más atención de tu trabajo.

3. Escucha las sugerencias de tu compañero(a) y apunta sus ideas.

4. Una vez que hayas revisado tu trabajo según las sugerencias de tu compañero(a), revisa tu borrador una vez más.

5. Si tienes dudas sobre la ortografía de una palabra, consulta el diccionario. (¡Ojo! Tu maestro(a) no es un diccionario.)

6. Utilizando un diccionario de sinónimos, sustituye un mínimo de dos palabras de tu obra por una palabra nueva.

Una vez que estés satisfecho(a) con tu trabajo:

- Cópialo de nuevo en limpio.
- Guárdalo en tu cuaderno o tu portafolio.

Lección 3. Cuatro poemas

Aumentemos nuestro vocabulario

Vocabulario clave del texto

- «Opinión ninguna gana / pues la que más se recta, si no os admite, es ingrata, y si os admite, es **liviana**»

- «Con el favor y el **desdén**, / tenéis condición igual»

- «Que sea azucena, sobre todas, **casta**».

- «bebe de las rocas / duerme sobre **escarcha**»

Ejercicio 1. Analogías. Completa las analogías siguientes utilizando el vocabulario clave del texto.

1. _____ : impuro = oscuro : claro

2. rechazo : _____ = acogimiento : gusto

3. abandono : fracaso = _____ : éxito

4. _____ : serio = minimizar : exagerar

5. quemadura : hirviente = _____ : frío

Ejercicio 2. Extensión. Busca tres palabras más en la lectura que sean nuevas o que no suelas usar a menudo en tus conversaciones diarias.

- Escribe las palabras y su significado al lado.

1. _____ _____

2. _____ _____

3. _____ _____

- Ahora escribe tres oraciones originales usando estas palabras.

1. _____

2. _____

3. _____

Enriquezcamos nuestro español

La exposición de un tema

Para la exposición de un tema, tanto en una presentación oral como en un documento escrito, podemos recurrir al rico léxico español que nos proporciona muchas maneras de introducir nuestro tema sin limitarnos a expresiones trilladas como: «Voy a hablar de[...]» o «En este ensayo se discutirá[...]».

Entre otros tenemos las expresiones siguientes:

---

conviene

es conveniente/necesario/preciso *seguido por* aclarar/conocer/examinar/investigar/reconocer

importa

con respecto a

en cuanto a

en relación a

por lo que se refiere

Ejercicio 3. Aplicación. Otra clase te ha invitado a pronunciar un discurso sobre los cuatro poemas de esta lección. Escribe la exposición de cada segmento de tu charla completando las oraciones siguientes.

1. Antes de empezar, es importante aclarar _____

    _____

    _____

2. En cuanto a «Hombres necios», _____

    _____

    _____

3. Cuando consideramos a «Superwoman» es preciso _____

    _____

    _____

    _____

4. Con respecto al poema de Antonia Darder, _____

    _____

    _____

5. Por lo que se refiere a la obra de la poeta Alfonsina Storni _____

    _____

    _____

Escribamos correctamente

Más homófonos: las letras *g* y *j*

Las letras **g** y **j** también presentan dificultades ortográficas, pero en el caso de estas dos letras, tenemos una regla de pronunciación que las limita. Recuerda que la **g** tiene un sonido fuerte de la **j** cuando va delante de la vocal **e** o la vocal **i**. Delante de las vocales **a** y **o** tiene un sonido suave. Cuando la **g** va seguida de **ue** o **ui** también tiene un sonido suave porque la **u** es muda.

Ejemplos:

Sonido fuerte: gerundio

Sonido suave: gana

Ejercicio 4. Completar. Completa el párrafo siguiente utilizando una palabra apropiada que tenga **g** o **j**. Escoge entre las palabras siguientes: **injiriendo, ingiriendo, gira, jira, vegete, vejete, cojita, cogita.**

Nuestra **(1)** _____ por sendas literarias nos ha traído al tema de la mujer visto desde la perspectiva de la hispana. Desde siglos pasados, las escritoras hispanas han dedicado su obra al problema de la igualdad entre los sexos con el fin de evitar que la mujer **(2)** _____ socialmente.

(3) _____ sus protestas literarias en tanto la vida diaria como en el pensamiento femenino, han logrado que se evalúe de nuevo la identidad femenina. Cuando una lee los cuatro poemas incluidos en esta lección, **(4)** _____ sobre su papel dentro de la casa, la comunidad y frente a sí misma.

Preparemos nuestro portafolio

- Lee de nuevo los trabajos que hiciste en los apartados «Ampliemos nuestra comprensión» y «Creemos literatura» de cada lección.

- Elige uno de ellos para incorporarlo a tu portafolio.

- Revísalo según los pasos siguientes:

Narración

1. ¿Tiene sentido lo que has escrito? Sí No
2. ¿Tiene introducción, cuerpo y conclusión? Sí No
3. ¿Has organizado las ideas y/o los eventos en párrafos? Sí No
4. ¿Has utilizado el vocabulario nuevo que has aprendido? Sí No
5. ¿Has utilizado el registro apropiado? Sí No
6. ¿Has sustituido las palabras trilladas por palabras más concisas? Sí No
7. ¿Son correctos los signos de puntuación de tu escrito? Sí No
8. ¿Has recurrido a libros de consulta que te puedan ayudar a mejorar lo que has escrito? Sí No

Poesía

1. ¿Tiene sentido lo que has escrito? **Sí** **No**

2. ¿Contiene imágenes sensoriales? **Sí** **No**

3. ¿Concuerda tu poema con el modelo establecido (formato, número de sílabas, etc.)? **Sí** **No**

4. ¿Incluye por lo menos una metáfora o un símil? **Sí** **No**

5. ¿Tiene el poema el tono que le has querido dar? **Sí** **No**

6. ¿Has utilizado el vocabulario nuevo que has aprendido? **Sí** **No**

7. ¿Estás seguro(a) de que todas las palabras están bien escritas? **Sí** **No**

8. ¿Has utilizado el registro apropiado? **Sí** **No**

Ensayo

1. ¿Tiene sentido lo que has escrito? **Sí** **No**

2. ¿Tiene exposición, cuerpo y conclusión? **Sí** **No**

3. ¿Has apoyado tu hipótesis en los tres párrafos del cuerpo? **Sí** **No**

4. ¿Has resumido todo en tu conclusión? **Sí** **No**

5. ¿Has utilizado el vocabulario nuevo que has aprendido? **Sí** **No**

6. ¿Has sustituido las palabras trilladas por palabras más concisas, incluida la exposición de tu tema? **Sí** **No**

7. ¿Has utilizado el registro formal? **Sí** **No**

8. ¿Has combinado oraciones simples para formar oraciones compuestas donde corresponda? **Sí** **No**

9. ¿Estás seguro(a) de que todas las palabras están bien escritas? **Sí** **No**

Si necesitas ayuda o sugerencias para mejorar tu trabajo:

1. Comparte tu trabajo con un(a) compañero(a).

2. Hablen de las áreas que necesiten menos y más atención de tu trabajo.

3. Escucha las sugerencias de tu compañero(a) y apunta sus ideas.

4. Una vez que hayas revisado tu trabajo según las sugerencias de tu compañero(a), revisa tu borrador una vez más.

5. Si tienes dudas sobre la ortografía de una palabra, consulta el diccionario. (¡Ojo! Tu maestro(a) no es un diccionario.)

6. Utilizando un diccionario de sinónimos, sustituye un mínimo de dos palabras de tu obra por una palabra nueva.

Una vez que estés satisfecho(a) con tu trabajo:

- Cópialo de nuevo en limpio.
- Guárdalo en tu cuaderno o tu portafolio.

Lección 4. Tres selecciones de ensayos

Aumentemos nuestro vocabulario

Vocabulario clave del texto

- «Naturalmente habría que preguntar a las mexicanas su opinión; ese «respeto» es a veces una **hipócrita** manera de sujetarlas e impedirle que se expresen».

- «Una tendencia muy importante en la cultura hispana—y en muchas otras culturas—es la **preponderancia** de lo masculino: machismo».

- «En una sociedad machista, por ejemplo, generalmente se espera que las mujeres se ajusten a los hombres, que dependan de ellos y que sean **sumisas** y **abnegadas**».

- «Los hombres que crecen en culturas machistas a veces son agresivos e **intransigentes** en sus relaciones con otros hombres y **condescendientes** o agresivos en sus relaciones con las mujeres».

- «En general, las mujeres piensan que los hombres deben ser perdonados porque son impulsivos y **obstinados** como niños, además de pecadores».

Ejercicio 1. Antónimos. Escribe un antónimo por cada una de las palabras del vocabulario clave del texto.

_____ 1. hipócrita

_____ 2. sumiso

_____ 3. obstinado

_____ 4. abnegado

_____ 5. condescendiente

_____ 6. intransigente

_____ 7. preponderancia

Ejercicio 2. Extensión. Busca tres palabras más en la lectura que sean nuevas o que no suelas usar a menudo en tus conversaciones diarias.

- Escribe las palabras y su significado al lado.

1. _____ _____

2. _____ _____

3. _____ _____

- Ahora escribe tres oraciones originales usando estas palabras.

1. _____

2. _____

3. _____

Enriquezcamos nuestro español

El resumen de un tema

¿Cuántas veces tenemos que resumir un tema a lo largo del día? Resumir no se refiere simplemente al lenguaje escrito, sino también a la oral. Resumir puede incluir describir, comparar, contrastar, alistar y bosquejar.

Estudia las construcciones siguientes con el fin de incluirlas cada vez que puedas en tus prácticas lingüísticas:

el propósito fundamental es	asemejarse a
el valor de[...]reside en	del mismo modo
en conjunto	en cambio
al igual que	en contraste
al contrario	no obstante

Ejercicio 3. Resumen. Escribe un resumen de cada título utilizando una expresión del cuadro de la página anterior. Utiliza una expresión diferente en cada resumen.

1. «Máscaras mexicanas»

   _____

   _____

   _____

2. «El machismo»

   _____

   _____

   _____

3. «El marianismo»

   _____

   _____

   _____

Escribamos correctamente

Los homófonos: las letras *c, s* y *s*

La pronunciación americana de las letras c, s, y z también da lugar a confusión a la hora de escribir las palabras con el sonido s. La letra c delante de las vocales a, o y u tiene un sonido fuerte (k).

Ejercicio 4. Pistas. Escribe las pistas para el crucigrama siguiente.

Horizontales

2. _____

5. _____

8. _____

9. _____

Verticales

1. _____

3. _____

4. _____

6. _____

7. _____

		¹C								
	²P	O	Z	O						
		N						³V		
		C						E		
⁴A		⁵E	N	⁶C	A	U	⁷S	A	R	
B		J		O			E	⁸A	S	
R		O		S			G	Z		
A				E			A			
⁹S	E	R	R	A	R		R			
A										
R										

Preparemos nuestro portafolio

- Lee de nuevo los trabajos que hiciste en los apartados «Ampliemos nuestra comprensión» y «Creemos literatura» de cada lección.
- Elige uno de ellos para incorporarlo a tu portafolio.
- Revísalo según los pasos siguientes:

Narración

1. ¿Tiene sentido lo que has escrito? **Sí   No**
2. ¿Tiene introducción, cuerpo y conclusión? **Sí   No**
3. ¿Has organizado las ideas y/o los eventos en párrafos? **Sí   No**
4. ¿Has utilizado el vocabulario nuevo que has aprendido? **Sí   No**
5. ¿Has utilizado el registro apropiado? **Sí   No**
6. ¿Has repasado el vocabulario elegido? **Sí   No**
6. ¿Son correctos los signos de puntuación de tu escrito? **Sí   No**
7. ¿Has recurrido a libros de consulta que te puedan ayudar a mejorar lo que has escrito? **Sí   No**

Poesía

1. ¿Tiene sentido lo que has escrito? **Sí   No**
2. ¿Contiene imágenes sensoriales? **Sí   No**
3. ¿Concuerda tu poema con el modelo establecido (formato, número de sílabas, etc.)? **Sí   No**
4. ¿Incluye por lo menos una metáfora o un símil? **Sí   No**
5. ¿Has utilizado el vocabulario nuevo que has aprendido? **Sí   No**
6. ¿Tiene el tono que has querido darle al poema? **Sí   No**
7. ¿Estás seguro(a) de que todas las palabras están bien escritas? **Sí   No**
8. ¿Has utilizado el registro apropiado? **Sí   No**

Ensayo

1. ¿Tiene sentido lo que has escrito?   **Sí** **No**
2. ¿Tiene exposición, cuerpo y conclusión?   **Sí** **No**
3. ¿Has apoyado tu hipótesis en los tres párrafos del cuerpo?   **Sí** **No**
4. ¿Has resumido todo en tu conclusión?   **Sí** **No**
5. ¿Has utilizado el vocabulario nuevo que has aprendido?   **Sí** **No**
6. ¿Has utilizado el registro formal?   **Sí** **No**
7. ¿Has combinado oraciones simples para formar oraciones   **Sí** **No**
   compuestas donde corresponda?
8. ¿Has utilizado construcciones académicas para exponer y   **Sí** **No**
   resumir tu tema?
9. ¿Estás seguro(a) de que todas las palabras están bien escritas?   **Sí** **No**

Si necesitas ayuda o sugerencias para mejorar tu trabajo:

1. Comparte tu trabajo con un(a) compañero(a).
2. Hablen de las áreas que necesiten menos y más atención de tu trabajo.
3. Escucha las sugerencias de tu compañero(a) y apunta sus ideas.
4. Una vez que hayas revisado tu trabajo según las sugerencias de tu compañero(a), revisa tu borrador una vez más.
5. Si tienes dudas sobre la ortografía de una palabra, consulta el diccionario. (¡Ojo! Tu maestro(a) no es un diccionario.)
6. Utilizando un diccionario de sinónimos, sustituye un mínimo de dos palabras de tu obra por una palabra nueva.

Una vez que estés satisfecho(a) con tu trabajo:

- Cópialo de nuevo en limpio.
- Guárdalo en tu cuaderno o tu portafolio.

Ejercicio 2. Extensión. Busca tres palabras más en la lectura que sean nuevas o que no suelas usar a menudo en tus conversaciones diarias.

- Escribe las palabras y su significado al lado.

1. _____   _____

2. _____   _____

3. _____   _____

- Ahora escribe tres oraciones originales usando estas palabras.

1. _____

2. _____

3. _____

Enriquezcamos nuestro español

La conclusión de un tema

Para dar fin a nuestro estudio de construcciones trilladas, enfocaremos ahora las expresiones que finalizan una presentación. Las expresiones, «en conclusión» y «para concluir» se han vuelto trilladas y cansadas. Para que nuestro español sobresalga de lo corriente, aprendamos a utilizar otras expresiones menos corrientes.

Ejercicio 3. Conclusiones. Escribe cinco conclusiones a las que hayas llegado a través de las lecturas de esta unidad dedicadas a la mujer hispana. Empieza cada una con una construcción diferente.

1. _____

_____

2. _____

_____

3. _____

_____

Escribamos correctamente

Homófonos : la letra *h*

Ejercicio 4. Revuelto de palabras. Las citas siguientes de *Como agua para chocolate* contienen homófonos de palabras con **h**. Escribe las palabras correctamente en la raya añadiendo la **h** cuando sea necesario.

_____ 1. «Lo malo de llorar cuando uno pica cebolla no es el simple **cheo** de llorar[...]»

_____ 2. «Este frío sobrecogedor la **íaab** de acompañar por mucho tiempo sin que nada lo pudiera atenuar[...]»

_____ 3. «[...]ni tan siquiera cuando Nacha le contó lo que había escuchado cuando acompañaba a don Pascual Muzquiz y a su hijo **aats** la entrada del rancho».

Ahora escribe los homófonos y su significado.

_____ 4. _____

_____ 5. _____

_____ 6. _____

Preparemos nuestro portafolio

- Lee de nuevo los trabajos que hiciste en los apartados «Ampliemos nuestra comprensión» y «Creemos literatura» de cada lección.

- Elige uno de ellos para incorporarlo a tu portafolio.

- Revísalo según los pasos siguientes:

Narración

1. ¿Tiene sentido lo que has escrito?   Sí   No

2. ¿Tiene introducción, cuerpo y conclusión?   Sí   No

3. ¿Has organizado las ideas y/o los eventos en párrafos?   Sí   No

4. ¿Has utilizado el vocabulario nuevo que has aprendido?   Sí   No

5. ¿Has utilizado el registro apropiado?   Sí   No

6. ¿Has sustituido las palabras y construcciones trilladas   Sí   No

   por otras más precisas?

7. ¿Son correctos los signos de puntuación de tu escrito?   Sí   No

8. ¿Has recurrido a libros de consulta que te puedan ayudar   Sí   No

   a mejorar lo que has escrito?

Poesía

1. ¿Tiene sentido lo que has escrito?   Sí   No

2. ¿Contiene imágenes sensoriales?   Sí   No

3. ¿Concuerda tu poema con el modelo establecido   Sí   No

   (formato, número de sílabas, etc.)?

4. ¿Incluye por lo menos una metáfora o un símil?   Sí   No

5. ¿Tiene el tono que has querido darle al poema?   Sí   No

6. ¿Has utilizado el vocabulario nuevo que has aprendido?   Sí   No

7. ¿Estás seguro(a) de que todas las palabras están bien escritas?   Sí   No

8. ¿Has utilizado el registro apropiado?   Sí   No

Ensayo

1. ¿Tiene sentido lo que has escrito? **Sí** **No**

2. ¿Tiene exposición, cuerpo y conclusión? **Sí** **No**

3. ¿Has apoyado tu hipótesis en los tres párrafos del cuerpo? **Sí** **No**

4. ¿Has resumido todo en tu conclusión? **Sí** **No**

5. ¿Has utilizado el vocabulario nuevo que has aprendido? **Sí** **No**

6. ¿Has utilizado el registro formal? **Sí** **No**

7. ¿Has utilizado palabras y construcciones que no estén trilladas? **Sí** **No**

8. ¿Has combinado oraciones simples para formar oraciones **Sí** **No**
   compuestas donde corresponda?

9. ¿Estás seguro(a) de que todas las palabras están bien escritas? **Sí** **No**

Si necesitas ayuda o sugerencias para mejorar tu trabajo:

1. Comparte tu trabajo con un(a) compañero(a).

2. Hablen de las áreas que necesiten menos y más atención de tu trabajo.

3. Escucha las sugerencias de tu compañero(a) y apunta sus ideas.

4. Una vez que hayas revisado tu trabajo según las sugerencias de tu compañero(a), revisa tu borrador una vez más.

5. Si tienes dudas sobre la ortografía de una palabra, consulta el diccionario. (¡Ojo! Tu maestro(a) no es un diccionario.)

6. Utilizando un diccionario de sinónimos, sustituye un mínimo de dos palabras de tu obra por una palabra nueva.

Una vez que estés satisfecho(a) con tu trabajo:

- Cópialo de nuevo en limpio.
- Guárdalo en tu cuaderno o tu portafolio.

Unidad 4: Actividades culminantes

Repasemos lo aprendido

Vocabulario clave de la unidad

Ejercicio 1. Completar. Completa las oraciones siguientes utilizando una palabra del banco de palabras en su forma correcta. No utilices ninguna palabra más de una vez.

Banco de palabras			
senectud	despectivo	agasajar	imperecedero
progenitora	perceptible	etnia	ladino
terrateniente	altiplano	mordaz	milpa
finca	tupido	halagar	zalea
repugnar	hipocondríaca	hipócrita	preponderancia
sumiso	abnegado	condescendiente	obstinado
intransigente			

1. Una persona que imagina dolores y enfermedades de los que no padece se llama _____.

2. A una persona que se fija en una sola idea sin flexibilidad de ningún tipo se le llama _____.

3. Una idea _____ nunca pasa de moda.

4. Se le llama _____ a una persona que se sacrifica por el bien de los demás.

5. Según las ensayistas, un producto del machismo es la mujer _____ .

6. Los _____ son dueños de campos y grandes haciendas.

7. Una persona _____ dice una cosa, pero actúa de una manera opuesta.

8. Un comentario _____ ofende, mientras un comentario _____ duele.

9. Los ancianos pasan por una segunda niñez durante la _____.

Conceptos literarios

La mujer como tema literario

Ejercicio 2. Cambios. Algunas de las obras de esta unidad podrían haber sido incluidas en otra unidad previa. Asigna las lecturas siguientes a otra anterior teniendo en cuenta el tema de ambas. Escribe la letra correspondiente en la raya.

_____ 1. *Como agua para chocolate*   a. «Imaginación y fantasía»

_____ 2. «Zapatos de huevos»   b. «Por los caminos del recuerdo»

_____ 3. «El machismo»   c. «La justicia social»

_____ 4. «Me llamo Rigoberta Menchú y así me nació la conciencia»

_____ 5. «Dueña del camino»

Ejercicio 3. Identificación. Identifica la obra de esta unidad que asocias con las descripciones siguientes. Escríbelo en la raya. Recuerda que el título de un fragmento, un ensayo y un poema se escribe entre comillas (« »).

1. Destaca como ejemplo del realismo mágico.

   _____

2. Se conoce como uno de los testimonios más influyentes de nuestros días.

   _____

3. El ensayo establece una analogía entre la mujer y el culto a la Virgen María en la cultura hispana.

   _____

4. Utiliza el español coloquial para contar una historia familiar.

   _____

5. Expresa las frustraciones de la mujer que se encuentra en una vida bicultural.

   _____

Lenguaje

A. Los verbos

Ejercicio 4. Formas verbales. Completa las oraciones siguientes con la forma correcta del verbo. Elige entre los verbos siguientes: **plantear, aprender, revisar, acabar, tomar.**

1. _____ tu obra literaria para elegir las piezas que vas a incluir en tu portafolio.

2. Antes de leer *Como agua para chocolate*, _____ algo sobre el realismo mágico.

3. _____ la unidad dedicada a la mujer hispana.

4. Es increíble que Sor Juana Inés de la Cruz _____ ideas feministas en el siglo XVII.

5. Las autoras del programa *Sendas literarias* esperamos que los estudiantes _____ conciencia de su actitud hacia diferentes grupos de personas.

B. La elegancia del castellano

Ejercicio 5. Refinamiento. Sustituye la expresión trillada que aparece en **negrita** por una más concisa.

1. **Voy a hablar** de las injusticias sufridas por los mayas quichés y otros grupos indígenas de las Américas.

   _____

2. **Mi conclusión es que** las contribuciones poéticas de Alfonsina Storni han servido para llamar la atención a la posición social de la mujer.

   _____

3. **Es importante decir** que el poema de Antonia Darder refleja los sentimientos de la mayoría femenina.

   _____

4. **El poema de** Gloria Velásquez nos ofrece la descripción de una mujer intentando cumplir con las reglas sociales de dos culturas.

   _____

5. **Termino diciendo que** las semejanzas entre el culto a María y la actitud femenina hispana expuestas en el ensayo de Labarca y Halty son difíciles de negar.

   _____

C. Homófonos

Ejercicio 6. Crucigrama de homófonos. Ordena las pistas y resuelve el crucigrama siguiendo el modelo. Elige entre estos homófonos: **valla/vaya; grabe/grave; hacia/Asia; agito(a)jito; masa/maza; cita/sita; abrasar/abrazar; hojear/ojear; botar/votar; tasa/taza; casar/cazar; huso/uso.**

Verticales

| MODELO: | 1 | primera y tercera persona del subjuntivo del verbo **ir** |

_____ Cuando estoy nerviosa, me _____.

_____ buscar un animal, perseguirlo y atraparlo

_____ el estado físico de la Tía Juana en «Zapatos de huevo»

_____ la historia de Tita transcurre en una finca _____ en México

_____ indica la dirección a la que nos dirigimos

_____ salir un cuerpo en otra dirección después de haber chocado contra una superficie

Horizontales

_____ instrumento redondeado y alargado, más estrecho por los extremos, que se utiliza para enrollar el hilo que se va hilando

_____ repasar el contenido de un libro

_____ lo que se paga por usar algo

_____ mezcla espesa y blanda

_____ rodear físicamente con cariño

Tu portafolio

La escritura como proceso: la publicación

Cuando hablamos de la publicación enseguida pensamos en casas editoriales, librerías, revistas y periódicos. Pero la publicación se refiere a un manuscrito para ser leído por una o más personas que no sean el (la) autor(a). Por ejemplo, en las lecciones anteriores de este cuaderno, has publicado folletos para la distribución escolar o comunitaria. Ahora vas a preparar tu portafolio final para publicación y su lectura por parte de otras personas.

Con el fin de curso a la vista, es importante que empecemos a organizar el portafolio. Debes haber escogido y preparado los escritos siguientes para introducirlos en tu portafolio final:

- Los propósitos personales
- Una narrativa personal
- Un poema
- Un ensayo
- Un cuento
- Reflexiones
- Los otros trabajos requeridos por tu maestro(a)

Escoge entre todo lo que tienes en tu portafolio hasta ahora, revisando el contenido y la mecánica tantas veces como puedas para sacar una copia perfecta para el producto final.

Mejoremos lo escrito

A lo largo de la cuarta unidad de *Sendas literarias,* has escogido cinco obras originales para introducir en tu portafolio.

- De las cinco obras, escoge la que más te guste como escritor(a).
- Léela de nuevo para hacer correcciones, revisiones o cambios que la puedan mejorar.
- Una vez que estés satisfecho(a) con las revisiones, escribe una copia final en la computadora.
- Guarda esta copia en tu portafolio.

Escribamos una vez más

Una carta a un personaje femenino o una autora

Escribe una carta a una de las autoras o uno de los personajes femeninos de esta unidad para expresar tu acuerdo o desacuerdo con los sentimientos que expresa. Ten en cuenta la etiqueta lingüística para elegir el registro más apropiado así como el tipo de carta que vas a escribir.

La Red electrónica a nuestra disposición

 Los recursos de la Red

Enfoque en la mujer hispana

A lo largo de los dos tomos de *Sendas literarias: Cuaderno de lenguaje y práctica* has podido explorar numerosas páginas de interés cultural hispano. Sin duda te has vuelto un experto(a) en la navegación del ciberespacio habiendo visitado las páginas que te hemos indicado y también habiéndote enlazado con otras. En esta unidad, vamos a cambiar el formato. En vez de darte las direcciones, vas a tener que buscarlas tú mismo(a).

Se trata de una búsqueda de información sobre hispanas que hayan hecho grandes contribuciones sociales y políticas. Hay cinco preguntas cuyas respuestas encontrarás en la Red. Antes de iniciar la investigación, anota tres palabras clave que te puedan ayudar en tu búsqueda. Los buscadores (*search engines*) más importantes en español son los siguientes:

- Alta Vista es un buscador estadounidense que ofrece información en muchos idiomas:

  http://www.altavista.com

- El buscador puertorriqueño se destaca como uno de los mejores de la Red:

  http://www.yupi.com

- Yahoo se encuentra en España y México:

  http://es.yahoo.com/

  http://mx.yahoo.com/

1. ¿Quiénes son las mujeres hispanas miembros del Congreso de los Estados Unidos?

Nombre completo	Estado que representa	Cámara
1. _____	_____	_____
2. _____	_____	_____
3. _____	_____	_____
4. _____	_____	_____
5. _____	_____	_____
6. _____	_____	_____
7. _____	_____	_____
8. _____	_____	_____
9. _____	_____	_____
10. _____	_____	_____

2. ¿Quiénes son Las Madres de la Plaza de Mayo? Cita dos datos importantes de su organización.

_____

_____

_____

_____

_____

3. Nombra dos mujeres de países hispanohablantes que hayan ganado el Premio Nobel, sea de la paz o en otra disciplina. ¿Por qué fueron premiadas por el Comité Nobel?

_____

_____

_____

_____

_____

4. ¿Quién fue La Pasionaria? ¿Por qué es famosa?

_____

_____

_____

_____

_____

5. ¿Cuál es el nombre de la tercera esposa de Juan Perón? ¿Qué logró ella políticamente por su propio esfuerzo?

_____

_____

_____

_____

_____

Unidad 5
La casa de Bernarda Alba
Lección 1. *La casa de Bernarda Alba*, Acto I

Vocabulario clave del texto

- «**Tirana** de todos los que la rodean».

- «Ella no quiere que la vean en su **dominio**».

- «¿Habéis empezado los trabajos en la **era**»?

- «Pensaba ponérmelo el día que vamos a comer sandías en la **noria**».

- «Ha sacada del **cofre** sus anillos y los pendientes de amatista; se los ha puesto; y me ha dicho que se quiere casar».

- «Los **gañanes** llegan a las seis».

- «Porque los hombres se tapan unos a otros las cosas de esta índole y nadie es capaz de **delatar**».

- «¡Bernarda, no seas tan **inquisitiva**!»

Ejercicio 1. Responde. Sigue las instrucciones y escribe tu respuesta en la raya.

1. Convierte el sustantivo **dominio** en adjetivo y después en verbo.

   _____

2. Escribe un sinónimo de **cofre**.

   _____

3. Forma una oración con las palabras **era** y **noria**.

   _____

4. Escribe un antónimo de **delatar**.

   _____

5. Convierte el adjetivo **inquisitivo** en verbo y después en sustantivo.

_____

6. Escribe un sinónimo del sustantivo **gañán**.

_____

7. El adjetivo **tirano** en su forma femenina describe ¿a qué personaje de esta obra?

_____

Ejercicio 2. Extensión. Busca tres palabras más en la lectura que sean nuevas o que no suelas usar a menudo en tus conversaciones diarias.

• Escribe las palabras y su significado al lado.

1. _____   _____

2. _____   _____

3. _____   _____

• Ahora escribe tres oraciones originales usando estas palabras.

1. _____

2. _____

3. _____

Enriquezcamos nuestro español

Las diferencias regionales frente al coloquialismo

El español, siendo un idioma opulento y muy extendido por el mundo, cuenta con numerosas variantes entre los países hispanohablantes e incluso entre las mismas comunidades nacionales. A veces, cuando nos juntamos los hispanohablantes de diferentes comunidades, aunque todos hablamos español, nos damos cuenta de las distintas maneras que tenemos de expresarnos.

Las diferencias regionales forman parte de la lengua coloquial. Frecuentemente son palabras sinónimas cuyo uso se limita a cierto país o a cierta región. La palabra **pluma**, por ejemplo, cuenta con varios sinónimos de uso regional incluyendo: **estilográfica, lápiz, bolígrafo,** etc. Todas estas palabras son correctas. Su uso no depende del buen gusto lingüístico, sino del origen del locutor y de su oyente. Su empleo en cierta situación social no ofende como pueda ser el caso de la lengua coloquial.

En *La casa de Bernarda Alba,* el autor Federico García Lorca utiliza muchos regionalismos andaluces, palabras y construcciones que se dan en el sur de España, pero que no se emplean en otras regiones españolas. También utiliza expresiones coloquiales que fuera del entorno familiar serían socialmente inapropiadas.

Ejercicio 3. ¿Regionalismo o registro informal? Indica si las citas siguientes del primer acto de *La casa de Bernarda Alba* pertenecen al regionalismo (**R**) o al registro informal (**I**) del español coloquial de Andalucía.

R   I   1. «Te vas a hacer el gaznate polvo».

R   I   2. «Es buen mozo».

R   I   3. «Esa sale a sus tías; blandas y untuosas y que ponían los ojos de carnero al piropo de cualquier barberillo».

R   I   4. «Pensaba ponérmelo el día que vamos a comer sandías a la noria».

R   I   5. «Anoche estuvo rondando la casa y creo que pronto va a mandar un emisario».

Escribamos correctamente

Uso de los corchetes

Ahora que sabes utilizar los signos de puntuación básicos en español, vamos a practicar otros signos menos corrientes, empezando por los corchetes [ ].

Los corchetes:

• Encierran los puntos suspensivos que indican la omisión de parte del texto.

«Habitación blanquísima del interior de la casa de Bernarda. Muros gruesos. Puertas con cortinas de yute [...] Un gran silencio umbroso se extiende por la escena».

• En la poesía, encierran la última parte del verso anterior.

Dichoso el árbol que es apenas

[sensitivo,. . .

Ejercicio 4. Práctica. Copia las acotaciones del primer acto de *La casa de Bernarda Alba* (página 347 del libro de texto) desde «Habitación blanquísima[...]» hasta «se extiende por la escena».

- Suspende todos los adjetivos.

- Escribe en su lugar puntos suspensivos encerrados con corchetes.

_____

_____

_____

_____

_____

_____

Preparemos nuestro portafolio

- Lee de nuevo los trabajos que hiciste en los apartados «Ampliemos nuestra comprensión» y «Creemos literatura» de cada lección.

- Elige uno de ellos para incorporarlo a tu portafolio.

- Revísalo según los pasos siguientes:

Narración

1. ¿Tiene sentido lo que has escrito?	Sí	No
2. ¿Tiene introducción, cuerpo y conclusión?	Sí	No
3. ¿Has organizado las ideas y/o los eventos en párrafos?	Sí	No
4. ¿Has utilizado el vocabulario nuevo que has aprendido?	Sí	No
5. ¿Has utilizado el registro apropiado?	Sí	No
6. ¿Has utilizado los coloquialismos sólo en el diálogo?	Sí	No
7. ¿Son correctos los signos de puntuación de tu escrito?	Sí	No
8. ¿Has recurrido a libros de consulta que te puedan ayudar a mejorar lo que has escrito?	Sí	No

Poesía

1. ¿Tiene sentido lo que has escrito? **Sí** **No**

2. ¿Contiene imágenes sensoriales? **Sí** **No**

3. ¿Concuerda tu poema con el modelo establecido (formato, número de sílabas, etc.)? **Sí** **No**

4. ¿Incluye por lo menos una metáfora o un símil? **Sí** **No**

5. ¿Has sustituido las palabras trilladas por palabras más poéticas? **Sí** **No**

6. ¿Has utilizado el vocabulario nuevo que has aprendido? **Sí** **No**

7. ¿Estás seguro(a) de que todas las palabras están bien escritas? **Sí** **No**

8. ¿Has utilizado el registro apropiado? **Sí** **No**

Ensayo

1. ¿Tiene sentido lo que has escrito? **Sí** **No**

2. ¿Tiene exposición, cuerpo y conclusión? **Sí** **No**

3. ¿Has apoyado tu hipótesis en los tres párrafos del cuerpo? **Sí** **No**

4. ¿Has resumido todo en tu conclusión? **Sí** **No**

5. ¿Has utilizado el vocabulario nuevo que has aprendido? **Sí** **No**

6. ¿Has utilizado el registro formal? **Sí** **No**

7. ¿Has combinado oraciones simples para formar oraciones compuestas donde corresponda? **Sí** **No**

8. ¿Has sustituido las expresiones y palabras trilladas por otras más académicas? **Sí** **No**

9. ¿Estás seguro(a) de que todas las palabras están bien escritas? **Sí** **No**

Si necesitas ayuda o sugerencias para mejorar tu trabajo:

1. Comparte tu trabajo con un(a) compañero(a).

2. Hablen de las áreas que necesiten menos y más atención de tu trabajo.

3. Escucha las sugerencias de tu compañero(a) y apunta sus ideas.

4. Una vez que hayas revisado tu trabajo según las sugerencias de tu compañero(a), revisa tu borrador una vez más.

5. Si tienes dudas sobre la ortografía de una palabra, consulta el diccionario. (¡Ojo! Tu maestro(a) no es un diccionario.)

6. Utilizando un diccionario de sinónimos, sustituye un mínimo de dos palabras de tu obra por una palabra nueva.

Una vez que estés satisfecho(a) con tu trabajo:

• Cópialo de nuevo en limpio.

• Guárdalo en tu cuaderno o tu portafolio.

Lección 2. *La casa de Bernarda Alba*, Acto II

Aumentemos nuestro vocabulario

Vocabulario clave del texto

- «Lo sentí toser y oí los pasos de su **jaca**».

- «Sí, y por poco si le dejo **tuerto**».

- «Trae cuatro mil **bengalas** amarillas y ponlas en las bardas del corral».

- «Pues nada: «Ya sabes que ando detrás de ti, necesito una mujer buena, **modosa**, y esa eres tú si me das la conformidad».

- «He sido como arrastrada por una **maroma**».

Ejercicio 1. Letras revueltas. Descifra las palabras del vocabulario clave y escribe su significado al lado.

1. glaaenb _____

2. ooomds _____

3. aramom _____

4. otuter _____

5. cjaa _____

Ejercicio 2. Extensión. Busca tres palabras más en la lectura que sean nuevas o que no suelas usar a menudo en tus conversaciones diarias.

- Escribe las palabras y su significado al lado.

1. _____   _____

2. _____   _____

3. _____   _____

- Ahora escribe tres oraciones originales usando estas palabras.

1. _____

2. _____

3. _____

Enriquezcamos nuestro español

El poder de la lengua coloquial

En algunos tipos de literatura, el poder de los coloquialismos nunca podría ser reemplazado por el español formal. Un ejemplo perfecto de este fenómeno es *La casa de Bernarda Alba*. Por supuesto, resultaría antinatural que cinco hermanas se hablaran entre sí utilizando el español formal en la intimidad de su propio hogar. Pero lo que es más importante aún, con el uso de la lengua coloquial se destaca la fuerza emotiva de las metáforas que toman la forma de dichos regionales y expresiones locales. Considera estas citas del segundo acto de la obra.

- **Adela** (*a La Poncia*): Es inútil tu consejo. Ya es tarde. No por encima de ti, que eres una criada; por encima de mi madre saltaría para apagarme este fuego que tengo levantado por piernas y boca. ¿Qué puedes decir de mí? ¿Qué me encierro en mi cuarto y no abro la puerta? ¿Qué no duermo? ¡Soy más lista que tú! Mira **a ver si puedes agarrar la liebre con tus manos**.

- **Bernarda**: ¿Cuál de vosotras?...¡Contestarme!..Registra los cuartos, mira por las camas. ¡Esto tiene no ataros más cortas! ¡Pero me vais a soñar!

- **Bernarda**: ¡Siempre **gasté sabrosa pimienta**!

- **Bernarda**: Siempre os supe mujeres **ventaneras** y rompedoras de su luto.

Ejercicio 3. Conversión. Escribe de nuevo las expresiones coloquiales citadas en negrita del ejercicio anterior utilizando el español coloquial de tu comunidad.

1. _____

_____

2. _____

_____

3. _____

_____

4. _____

_____

5. _____

_____

Escribamos correctamente

El asterisco y la barra inclinada

El **asterisco** (*) sirve para indicar al lector que normalmente sigue una explicación al pie de la página.

Según Ruiz Ramón*, la totalidad de la obra dramática de García Lorca se basa en una sola situación fundamental definida como el enfrentamiento conflictivo entre dos principios: la autoridad y la libertad.

*Crítico dramático y catedrático de literatura española

La **barra inclinada** (/) se utiliza:

• Para separar los versos de un poema cuando se escriben a renglón seguido.

Dichoso el árbol que es apenas sensitivo, / y más la piedra dura, porque ésta ya no siente,

• En los diccionarios, sirve para separar los diferentes significados que tiene una misma palabra.

centro. punto en lo interior de un círculo / lo más distante o retirado de la superficie exterior de una cosa / *Dep.* acción y efecto de centrar

Ejercicio 4. Aplicación. Coloca el asterisco y/o la barra inclinada donde corresponda.

1. tirante. dicho de un cuerpo, que está muy estirado dicho de una situación, que resulta violenta o molesta cinta con la que se sujeta a los hombros una prenda de vestir

2. Según Francisco García Lorca*, la familia tenía una vecina llamada Bernarda Alba que sirvió de inspiración para la obra.

*Hermano de Federico García Lorca

3. oprimir. hacer presión o fuerza sobre algo hacer que una persona esté bajo el poder de otra, sin libertad ni derechos

Preparemos nuestro portafolio

- Lee de nuevo los trabajos que hiciste en los apartados «Ampliemos nuestra comprensión» y «Creemos literatura» de cada lección.

- Elige uno de ellos para incorporarlo a tu portafolio.

- Revísalo según los pasos siguientes:

Narración

1. ¿Tiene sentido lo que has escrito?	Sí	No
2. ¿Tiene introducción, cuerpo y conclusión?	Sí	No
3. ¿Has organizado las ideas y/o los eventos en párrafos?	Sí	No
4. ¿Has utilizado el vocabulario nuevo que has aprendido?	Sí	No
5. ¿Has utilizado el registro apropiado?	Sí	No
6. ¿Has utilizado los coloquialismos donde corresponda?	Sí	No
7. ¿Son correctos los signos de puntuación de tu escrito?	Sí	No
8. ¿Has recurrido a libros de consulta que te puedan ayudar a mejorar lo que has escrito?	Sí	No

Poesía

1. ¿Tiene sentido lo que has escrito? **Sí** **No**

2. ¿Contiene imágenes sensoriales? **Sí** **No**

3. ¿Concuerda tu poema con el modelo establecido **Sí** **No**
   (formato, número de sílabas, etc.)?

4. ¿Incluye por lo menos una metáfora o un símil? **Sí** **No**

5. ¿Has sustituido las palabras trilladas por palabras más poéticas? **Sí** **No**

6. ¿Has utilizado el vocabulario nuevo que has aprendido? **Sí** **No**

7. ¿Estás seguro(a) de que todas las palabras están bien escritas? **Sí** **No**

8. ¿Has utilizado el registro apropiado? **Sí** **No**

Ensayo

1. ¿Tiene sentido lo que has escrito? **Sí** **No**

2. ¿Tiene exposición, cuerpo y conclusión? **Sí** **No**

3. ¿Has apoyado tu hipótesis en los tres párrafos del cuerpo? **Sí** **No**

4. ¿Has resumido todo en tu conclusión? **Sí** **No**

5. ¿Has utilizado el vocabulario nuevo que has aprendido? **Sí** **No**

6. ¿Has utilizado el registro formal? **Sí** **No**

7. ¿Has combinado oraciones simples para formar oraciones **Sí** **No**
   compuestas donde corresponda?

8. ¿Has sustituido las expresiones y palabras trilladas por **Sí** **No**
   otras más académicas?

9. ¿Estás seguro(a) de que todas las palabras están bien escritas? **Sí** **No**

Si necesitas ayuda o sugerencias para mejorar tu trabajo:

1. Comparte tu trabajo con un(a) compañero(a).

2. Hablen de las áreas que necesiten menos y más atención de tu trabajo.

3. Escucha las sugerencias de tu compañero(a) y apunta sus ideas.

4. Una vez que hayas revisado tu trabajo según las sugerencias de tu compañero(a), revisa tu borrador una vez más.

5. Si tienes dudas sobre la ortografía de una palabra, consulta el diccionario. (¡Ojo! Tu maestro(a) no es un diccionario.)

6. Utilizando un diccionario de sinónimos, sustituye un mínimo de dos palabras de tu obra por una palabra nueva.

Una vez que estés satisfecho(a) con tu trabajo:

• Cópialo de nuevo en limpio.

• Guárdalo en tu cuaderno o tu portafolio.

Lección 3. *La casa de Bernarda Alba*, Acto III

Aumentemos nuestro vocabulario

Vocabulario clave del texto

- «¿Siguen diciendo todavía la mala **letanía** de esta casa?»

- «Has sabido **acrecentar** tu ganado».

- «He tenido fuerza para adelantarme. El **brío** y el mérito que tú no tienes».

- «(Aparece Bernarda. Sale en **enaguas**, con un mantón negro)».

- «Pero tiene la mejor **manada** de estos contornos».

- «Quise **atajar** las cosas, pero ya me asustan demasiado».

- «Llevadla a su cuarto y vestirla como una **doncella**».

Ejercicio 1. Conexiones. Tacha la palabra que no pertenezca al grupo según el modelo.

MODELO:	Angustias	Martirio	Amelia	~~La Poncia~~
1. manada	banco	rebaño	conjunto	
2. enaguas	falda	vestido	corbata	
3. cura	letanía	rezar	oración	
4. alargar	atajar	extender	prolongar	
5. doncella	moza	virgen	viuda	
6. brío	liderazgo	alegría	arrancarse	
7. acrecentar	sustituir	disminuir	igualar	

Ejercicio 2. Extensión. Busca tres palabras más en la lectura que sean nuevas o que no suelas usar a menudo en tus conversaciones diarias.

- Escribe las palabras y su significado al lado.

    1. _____ _____

    2. _____ _____

    3. _____ _____

- Ahora escribe tres oraciones originales usando estas palabras.

    1. _____

    2. _____

    3. _____

Enriquezcamos nuestro español

El español en la Red electrónica

La Red electrónica nos proporciona unos recursos extraordinarios para hacer consultas, investigaciones o preguntas que tengamos acerca de todos los aspectos del español. Si dudas del uso apropiado de una expresión, o quieres encontrar un sinónimo para un lugar común del uso apropiado de una expresión, o simplemente tienes interés en explorar las diferentes variantes del español, encontrarás todo en la Red. Las direcciones siguientes son de máximo interés para todos los maestros y estudiantes de español.

- La Academia Estadounidense de la Lengua Española tiene su portada en: http://www.georgetown.edu/academia/historia.html

- Visita sin falta la página de la lengua castellana en: http://pagina.de/La_Lengua_Castellana

- Para obtener una lista de enlaces con temas relacionados con la lengua y la literatura hispanas, consulta: http://www.mundolatino.org/cultura/Literatura/

Ejercicio 3. Análisis. Describe cinco situaciones académicas posibles en las que los recursos electrónicos del ciberespacio te podrían resultar valiosos.

> **MODELO:** Podría buscar el significado de una palabra desconocida en español.

1. _____

2. _____

3. _____

4. _____

5. _____

Escribamos correctamente

El manuscrito

Con los avances tecnológicos de nuestros tiempos, los autores dependemos de las computadoras y los programas de tratamiento de texto para preparar nuestros manuscritos. Las computadoras nos ofrecen varias formas de presentar nuestras ideas, permitiéndonos destacar lo más importante utilizando letras en **negrita** o *cursiva*. Asimismo nos encontramos con diversos tipos de letras.

Con todos estos recursos mecánicos a nuestro alcance, es fácil disminuir tanto la legibilidad como la comprensión de un escrito escogiendo un tipo de letra demasiado artístico o sobrecargar el documento con texto en **negrita** y *cursiva*. Así pues, cuando preparamos un documento para su publicación, es menester tener ciertos preceptos en mente:

- Elige un tipo *(font)* que sea legible para cualquier documento largo. Evita la letra gótica, la cursiva que imita la escritura a mano así como el artístico. En el caso de un poema corto, puedes utilizar estos tipos, pero siempre con cautela.

- Limita el uso de las letras en **negrita,** <u>subrayadas</u> o *cursivas.* Si quieres dar énfasis, escoge las partes más importantes solamente.

- Limítate a un tamaño de letra entre 10 y 12 puntos. Las letras grandes dan la impresión de que no tienes mucho que decir, pero quieres llenar la hoja.

Ejercicio 4. Sugerencias. Las oraciones siguientes podrían escribirse mejor. Escribe una sugerencia para mejorar su aspecto en la raya.

1. <u>La casa de Bernarda Alba es la obra de teatro hispano más lograda del siglo XX.</u>

   _____

2. *Federico García Lorca fue fusilado por las fuerzas franquistas en agosto de 1936.*

   _____

3. Uno de los temas más importante de *La casa de Bernarda Alba* es el libre albedrío.

   _____

4. De una manera u otra, todos podemos identificarnos con alguna parte de *La casa de Bernarda Alba.*

   _____

Preparemos nuestro portafolio

- Lee de nuevo los trabajos que hiciste en los apartados «Ampliemos nuestra comprensión» y «Creemos literatura» de cada lección.

- Elige uno de ellos para incorporarlo a tu portafolio.

- Revísalo según los pasos siguientes:

Narración

1. ¿Tiene sentido lo que has escrito?   **Sí**   **No**

2. ¿Tiene introducción, cuerpo y conclusión?   **Sí**   **No**

3. ¿Has organizado las ideas y/o los eventos en párrafos?   **Sí**   **No**

4. ¿Has utilizado el vocabulario nuevo que has aprendido?   **Sí**   **No**

5. ¿Has utilizado el registro apropiado?   **Sí**   **No**

6. ¿Has utilizado los coloquialismos sólo en el diálogo?   **Sí**   **No**

7. ¿Son correctos los signos de puntuación de tu escrito?   **Sí**   **No**

8. ¿Has recurrido a libros de consulta que te puedan ayudar a   **Sí**   **No**
   mejorar lo que has escrito?

Poesía

1. ¿Tiene sentido lo que has escrito?   **Sí**   **No**

2. ¿Contiene imágenes sensoriales?   **Sí**   **No**

3. ¿Concuerda tu poema con el modelo establecido   **Sí**   **No**
   (formato, número de sílabas, etc.)?

4. ¿Incluye por lo menos una metáfora o un símil?   **Sí**   **No**

5. ¿Has sustituido las palabras trilladas por palabras más poéticas?   **Sí**   **No**

6. ¿Has utilizado el vocabulario nuevo que has aprendido?   **Sí**   **No**

7. ¿Estás seguro(a) de que todas las palabras están bien escritas?   **Sí**   **No**

8. ¿Has utilizado el registro apropiado?   **Sí**   **No**

Ensayo

1. ¿Tiene sentido lo que has escrito? **Sí** **No**
2. ¿Tiene exposición, cuerpo y conclusión? **Sí** **No**
3. ¿Has apoyado tu hipótesis en los tres párrafos del cuerpo? **Sí** **No**
4. ¿Has resumido todo en tu conclusión? **Sí** **No**
5. ¿Has utilizado el vocabulario nuevo que has aprendido? **Sí** **No**
6. ¿Has utilizado el registro formal? **Sí** **No**
7. ¿Has combinado oraciones simples para formar oraciones compuestas donde corresponda? **Sí** **No**
8. ¿Has sustituido las expresiones y palabras trilladas por otras más académicas? **Sí** **No**
9. ¿Estás seguro(a) de que todas las palabras están bien escritas? **Sí** **No**

Si necesitas ayuda o sugerencias para mejorar tu trabajo:

1. Comparte tu trabajo con un(a) compañero(a).
2. Hablen de las áreas que necesiten menos y más atención de tu trabajo.
3. Escucha las sugerencias de tu compañero(a) y apunta sus ideas.
4. Una vez que hayas revisado tu trabajo según las sugerencias de tu compañero(a), revisa tu borrador una vez más.
5. Si tienes dudas sobre la ortografía de una palabra, consulta el diccionario. (¡Ojo! Tu maestro(a) no es un diccionario.)
6. Utilizando un diccionario de sinónimos, sustituye un mínimo de dos palabras de tu obra por una palabra nueva.

Una vez que estés satisfecho(a) con tu trabajo:

- Cópialo de nuevo en limpio.
- Guárdalo en tu cuaderno o tu portafolio.

 © Prentice-Hall, Inc.

Unidad 5. Actividades culminantes

Repasemos lo aprendido

Vocabulario clave de la unidad

tirano	dominio	era	noria
cofre	gañán	delatar	inquisitivo
jaca	tuerto	bengala	modoso
maroma	letanía	acrecentar	brío
enaguas	manada	atajar	doncella

Ejercicio 1. Categorías. Utiliza el vocabulario clave del Banco de palabras para agrupar palabras de rasgos comunes según el modelo.

- Puedes cambiar el género y/o el número de los sustantivos si así lo deseas.
- Puedes utilizar la misma palabra dos veces, pero sólo dos veces.
- No olvides de asignar el título correspondiente a cada grupo.

MODELO:	Características personales. **1.** _inquisitivo_ **2.** _tuerto_ **3.** _modoso_ **4.** _tirano_

Grupo 1: Título _____

1. _____ **2.** _____ **3.** _____

4. _____

Grupo 2: Título _____

1. _____ **2.** _____ **3.** _____

4. _____

Grupo 3: Título _____

1. _____ **2.** _____ **3.** _____

4. _____

Conceptos literarios
Análisis del texto

Ejercicio 3. Síntesis. Contesta las preguntas siguientes sobre *La casa de Bernarda Alba* con una oración completa.

1. Si el final de *La casa de Bernarda Alba* fuera un postre, ¿qué sería? Explica tu respuesta.

_____

_____

_____

2. Si pudieras entrevistar a Federico García Lorca, ¿cuáles dirías que fueron sus razones para escribir *La casa de Bernarda Alba*?

_____

_____

_____

3. Elige un adjetivo no trillado para describir esta gran obra. Explica tu elección.

_____

_____

_____

Lenguaje

A. Las oraciones reflexivas, pasivas e impersonales

Ejercicio 3. Completar. Completa el párrafo siguiente acerca de Federico García Lorca escribiendo los verbos que aparecen entre paréntesis en su forma correcta.

En 1998 (1)(celebrarse) _____ el centenario del nacimiento de Federico García Lorca. Lorca nació en Fuentevaqueros, provincia de Granada. (2)(trasladarse) _____ a Madrid en 1919 donde escribió sus primeras obras. Durante esa época (3)(haber) _____ un ambiente artístico digno de atención y Lorca (4)(hacerse) _____ amigo del cineasta Luis Buñuel y el artista surrealista Salvador Dalí. A Lorca (5)(incluir) _____ dentro del grupo de poetas llamado la Generación del '27. Aunque su poesía (6)(traducir) _____ a cientos de idiomas, (7)(conocer) _____ a Lorca más popularmente por sus obras de teatro.

B. Las diferencias regionales frente al coloquialismo

Ejercicio 4. Aplicación lingüística. Indica si los grupos de palabras siguientes pertenecen al español coloquial del registro informal (C) o a una colección de sinónimos regionales correspondientes al español normal (E). Encierra la letra correspondiente en un círculo.

1. C E (en la oficina) grapadora engrapador coge-papeles presilladora

2. C E (en la computadora) cliquear bipear escanear chatear

3. C E (en la escuela) nota calificación resultado boletín escolar

4. C E (los asuntos monetarios) biles taxes chatarra nikel

5. C E (transporte público) guagua autobús camión ómnibus

Tu portafolio

La escritura como proceso: la continuación

Una vez que hayas publicado tu obra, querrás asegurarte de que circule entre el público lector. Una forma de asegurar mejor su distribución es a través de la publicación múltiple. Si tienes algún poema, cuento o ensayo en tu portafolio del cual te sientes más satisfecho(a), mándalo al periódico escolar, la revista escolar o un periódico local. También hay un sinfín de concursos literarios para jóvenes. Infórmate en la biblioteca de tu escuela o a través de la Red electrónica.

Acuérdate de que tus lectores son los mejores críticos de tu obra y harás bien en guiarte por sus comentarios. Si te halagan por una obra en especial, revísala de nuevo y preséntala a otro ente editorial.

Mejoremos lo escrito

A lo largo de la quinta unidad de *Sendas literarias,* has escogido tres obras originales para introducir en tu portafolio.

- De las tres obras, escoge la que más te guste como escritor(a).
- Léela de nuevo para hacer correcciones, revisiones o cambios que la puedan mejorar.
- Una vez que estés satisfecho(a) con las revisiones, escribe una copia final en la computadora.
- Guarda esta copia en tu portafolio.

Escribamos una vez más

A. Reflexiones

Lee las «Metas para este año» que escribiste al terminar la primera unidad de este cuaderno. Después escribe un ensayo reflexionando sobre el estudio literario de este año incluida una autoevaluación de tu desarrollo personal como lector(a) analítico(a) y escritor(a). Utiliza un mapa de ideas, una serie de ideas o comparte tus impresiones con un(a) compañero(a) de clase como ejercicio de bosquejo. Después organiza tu ensayo de la forma siguiente:

Párrafo 1: Exposición

Párrafo 2. ¿Qué ideas tenías acerca de la lectura y escritura en español al principio de este curso? ¿Y ahora?

Párrafo 3. ¿En qué áreas consideras que has mejorado más? ¿A qué atribuyes tu éxito?

Párrafo 4. ¿De qué manera te va a ayudar lo aprendido de este año? Explica tu respuesta con detalle.

Párrafo 5. ¿Y ahora qué?

B. Organización y presentación del portafolio

Ha llegado la hora de organizar tu portafolio. De tu colección literaria, escoge:

- un poema
- una narración
- una semblanza o una biografía
- un ensayo

Une a éstos:

- tu ensayo sobre tus metas
- reflexiones
- cualquier trabajo que requiera tu maestro(a)

Pon todos tus trabajos en una carpeta o un portafolio junto con:

- una portada con el título, nombre y apellido del autor (de la autora) y los otros elementos requeridos por tu maestro(a)
- un índice de los títulos de todos los trabajos incluidos en el portafolio
- otros trabajos designados por tu maestro(a)

C. Presentación de tu portafolio

Comparte tu portafolio con un miembro(a) de tu familia, un compañero(a) de habla hispana que no esté inscrito(a) en la misma clase y un(a) maestro(a) bilingüe de tu escuela o de otra clase. Finalmente comparte tu portafolio con tus compañeros en la trayectoria literaria de *Sendas literarias*: los miembros de la clase y tu maestro(a) de español.

La Red electrónica a nuestra disposición

Los recursos de la Red

El curriculum vitae de Federico García Lorca

Algunos lorquistas han especulado que si Federico García Lorca no hubiera sido asesinado, quizás habría llegado a ser catedrático (profesor universitario titular). Vas a escribir el curriculum vitae *(résumé)* de Federico García Lorca basándote en una investigación electrónica. Visita algunos de los sitios de la Red que te ofrecemos, enlazándote con otros para reunir la información pertinente. Puedes iniciar tu búsqueda en:

- Las páginas de la Fundación Federico García Lorca:
  http://www.garcia-lorca.org

- Explora el Círculo de Lectores para encontrar más información:
  http://www.circulolectores.com/plus/Lorca.htm

Dos direcciones más son:
  http://bewoner.dma.be/ericlaer/cultural/fglorca.html
  http://www.xtec.es/~mrino/lorca.htm

Curriculum vitae

Federico García Lorca

Datos personales

Lugar y fecha de nacimiento

_____

_____

Estado civil _____

Nombre de los padres _____ y _____

Estudios

_____

_____

Obras publicadas

_____

_____

Poesía

_____

_____

Teatro

_____

_____

_____

Experiencia

_____

_____

_____

_____

_____

Referencias

_____

_____

Otras publicadas

_____

_____

Poesía

_____

_____

Teatro

_____

_____

Experiencia

_____

_____

_____

_____

Referencias

_____

_____

Destrezas de estudio

Destrezas de estudio I
Uso del diccionario

A simple vista, el diccionario parece ser un recurso fácil sin ninguna complicación. Aunque el diccionario es un recurso valioso para el vocabulario que encontramos en nuestra lectura o que queremos utilizar en nuestros escritos, es necesario que sepamos entender cada artículo y cómo usar dicha información con lo que estamos leyendo o escribiendo.

En esta miniunidad, vamos a estudiar las partes del diccionario con el fin de poder consultarlo de forma eficaz sin pérdidas innecesarias de tiempo.

Las guías

Las guías aparecen en la esquina superior de cada palabra para indicar el primer y último artículo (palabra) de la página. En algunos diccionarios las guías se limitan a las tres primeras letras del primer y último artículo.

Ejemplos:

- En algunos diccionarios pueden encontrar la palabra **éxito** en una página cuyas guías son **exigencia** y **expectorante** porque en orden alfabético, la palabra **éxito** viene antes de **expectorante**, pero después de **exigencia**.
- La palabra **respetar** podría aparecer en una página cuyas guías son **resina** y **respingo**.

Ejercicio 1. Emparejar. Empareja las palabras de la Columna A con las guías de la Columna B y escribe la letra correspondiente en la raya.

Columna A	Columna B
_____ 1. diligencia	**a.** diptongo - disco
_____ 2. dirección	**b.** dardo - debut
_____ 3. deslumbrante	**c.** dormitar - dramaturgo
_____ 4. deber	**d.** dificultoso - diluir
_____ 5. dotado	**e.** desistir - desnatado

El artículo

El artículo de cada palabra nos proporciona bastante información además de la ortografía correcta. Los componentes del artículo son los siguientes:

- El artículo empieza por la palabra que buscamos escrita en **negrita**. Por ejemplo:

estudio

- A veces se incluye la pronunciación entre corchetes, sobre todo en los diccionarios bilingües:

estudio [est›thyo]

- Sigue la **clasificación morfológica**. Aquí nos indican cómo se utiliza la palabra dentro de una oración (sustantivo, adjetivo, adverbio, etc.). En el caso de sustantivos, nos indica también el género:

estudio [est›thyo] *sus. masc.*

- Algunos diccionarios indican la **etimología** de cada palabra; es decir, su origen lingüístico. La palabra **estudio** procede del latín.

estudio [est›thyo] *sus. masc.* lat.

- Ahora sigue todos los significados de la palabra.

estudio [est›thyo] *sus. masc.* lat. Esfuerzo que se hace con la mente para comprender las cosas o aprenderlas / habitación en la que se trabajo / conjunto de edificios y de locales en los que se ruedan películas o programas de televisión o de radio / apartamento pequeño / conjunto de materias que se estudia para obtener un título

Algunas veces los diccionarios incluyen una oración después de algunos significados para aclarar su uso.

estudio [est›thyo] *sus. masc.* lat. Esfuerzo que se hace con la mente para comprender las cosas o aprenderlas *Los días que no tengo tarea escrita, me dedico al estudio de los literarios.* / habitación en la que se trabajo *Tengo una biblioteca bilingüe en el estudio de casa.* / conjunto de edificios y de locales en los que se ruedan películas o programas de televisión o de radio *Graban esta novela en un estudio venezolano.* / apartamento pequeño / conjunto de materias que se estudia para obtener un título

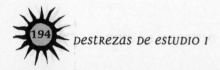

- Otras entradas que incluyen algunos diccionarios son:

1. Otros usos. Este apartado explica los usos de la palabra dentro de una jerga especial. Por ejemplo, la arquitectura (*Arq.*) o la medicina (*Med.*).

2. Formas derivadas. Aquí encontramos otras formas de la palabra a veces creadas por la adición de un prefijo o sufijo (hacer, deshacer, rehacer, hacerse). También se refiere a la familia de palabras que comparten una sola raíz.

3. Sinónimos y antónimos. Frecuentemente los diccionarios dan fin a cada entrada con algunos sinónimos y/o antónimos.

Ejercicio 2. Práctica. Estudia el artículo siguiente del diccionario y contesta las respuestas que la siguen. Utiliza oraciones completas para responder.

> **aplicar** [*ver.*] Poner una cosa extendiéndola sobre otra. *Antes de aplicar el pegamento, ten las dos partes preparadas.* / emplear o poner en práctica algo para conseguir cierto fin. *Si aplicas todo lo que has aprendido, tendrás éxito como escritor(a).* **aplicarse** Poner esfuerzo e interés en hacer una cosa determinada. *Si te aplicas, no puedes fallar.* SIN. dar. FAM. aplicación, aplicado, aplique.

1. ¿Cuál es la clasificación morfológica de la palabra **aplicar**?

   _____

2. ¿Qué otras palabras comparten la misma derivación?

   _____

3. ¿Cuántos significados tiene la palabra **aplicar** según este diccionario?

   _____

4. ¿Nos indican sinónimos o antónimos de la palabra **aplicar**?

   _____

Ejercicio 3. Tu turno. Escribe artículos de diccionarios para las palabras siguientes.

1. **referencia** _____

_____

_____ / _____

FAM. _____ .

2. **organizar** _____

_____

_____ / _____

_____

organizarse _____

SIN. _____

ANTÓN. _____

FAM. _____ .

3. **serio(a)** _____

_____

_____ /

_____ /

_____   _____

FAM. _____

FAM. _____ .

Destrezas de estudio II
El trabajo de investigación

De aquí en adelante te verás obligado(a) a realizar bastantes trabajos de investigación. El trabajo de investigación, en realidad, es solamente un ensayo extendido. Por lo tanto, lo organizarás y lo escribirás de una forma muy parecida a la que usas para organizar y escribir un ensayo.

Paso I. Elegir un tema

A veces tu maestro(a) te asignará un tema, pero otras veces te pedirá que tú elijas tu propio tema. Cuando elijas un tema, debes asegurarte de que:

1. te guste el tema

2. sea un tema conciso

3. existan suficientes fuentes de información sobre el tema

Vamos a suponer que tienes que escribir un trabajo de investigación sobre literatura. Si te interesa lo que han publicado los escritores puertorriqueños que residen en Nueva York, puedes hacer un trabajo sobre la literatura neoyorriqueña. Si escogieras la literatura chicana a pesar de tu preferencia por la neoyorriqueña, convertirías el proyecto en un simple quehacer. Busca siempre un tema que te atraiga dentro de los límites establecidos por tu maestro(a).

Ejercicio 1. Temas que te gustan y que no te gustan. Rellena las columnas según tus propias preferencias de acuerdo con el modelo.

	Me interesaría investigar	Tengo poco interés en investigar
MODELO: historia	la historia del Perú.	la historia mexicana
1. ciencia	_____	_____
2. teatro	_____	_____
3. geografía	_____	_____
4. deportes	_____	_____
5. adolescencia	_____	_____

Ahora bien, una vez que hayas elegido un tema, debes procurar que no sea demasiado general. La literatura neoyorriqueña, por ejemplo, es un tema bastante amplio y necesitarías concentrarte en un aspecto solamente. Podrías escoger un género (la poesía), un(a) escritor(a) (Esmeralda Santiago) o un tema (la justicia social).

Ejercicio 2. Precisar. Escribe los temas preferidos que escribiste en la primera columna del ejercicio 1. Después piensa en dos formas de reducir la amplitud del tema.

| MODELO: | la historia del Perú | **1.** el imperio inca | **2.** la época colonial |

1. _____   _____
2. _____   _____
3. _____   _____
4. _____   _____
5. _____   _____

El tercer paso en tu organización previa requiere una visita a la biblioteca. Antes de investigar un tema, tienes que asegurarte de tener bastantes fuentes de información a tu disposición. Si no puedes recurrir a diversos materiales para conseguir la información que necesites, no podrás terminar tu trabajo. Consulta todas las fuentes a tu disposición en la biblioteca escolar y/o la biblioteca comunitaria. También puedes usar la Red electrónica, pero ten cuidado con las páginas personales. Frecuentemente reflejan solamente las opiniones personales del (de la) autor(a). Las direcciones que terminan en **.edu, .org** y **.gov** son sitios oficiales y proporcionan información en su mayor parte fiable.

Ejercicio 3. Análisis. Escoge un tema de cada pareja que escribiste en el ejercicio 2. Piensa en los recursos que tienes en la biblioteca y haz una lista a un lado de cada uno.

| MODELO: | el imperio inca |

a. <u>la enciclopedia</u>

b. <u>el catálogo de fichas o el catálogo electrónico</u>

c. <u>en la Red: Macchu Picchu, la Universidad de Lima, imperio inca</u>

1. _____

　　a. _____

　　b. _____

　　c. _____

2. _____

　　a. _____

　　b. _____

　　c. _____

3. _____

　　a. _____

　　b. _____

　　c. _____

4. _____

　　a. _____

　　b. _____

　　c. _____

5. _____

　　a. _____

　　b. _____

　　c. _____

Paso 2. El proceso de investigación

Documentación de fuentes

Siempre es necesario reunir información de numerosas y diversas fuentes. La información encontrada en ellas te ayudará a apoyar tu hipótesis. Cada vez que parafrasees (escribas en tus propias palabras) o cites las ideas expresadas por otras personas, tienes que documentar la fuente; o sea, tienes que indicar dónde obtuviste esa información. La omisión de esa documentación se considera plagio; plagiar es transmitir ideas de otra persona sin mención de dicha persona o su obra, como si las ideas fueran ideas originales tuyas. Plagiar significa copiar a alguien sin su permiso.

Cada vez que encuentres una fuente valiosa, escribe toda la información bibliográfica en una ficha 3 x 5.

Asigna un número a cada ficha documental empezando por el 1 y siguiendo en orden hasta que tengas todas las fuentes que necesites. Escribe estos números en la esquina superior derecha de la ficha. La información bibliográfica que necesitas varía:

Libros: autor, título del libro, ciudad de publicación, casa editorial y año de publicación.

MODELO:

García Lorca, Federico. *Obras completas*. Edición Arturo del Hoyo. Madrid: Aguilar, 1954.

Revistas y periódicos: autor, título del artículo, nombre de la revista o del periódico, tomo, fecha y números de las páginas. Si no hay autor, comienza con el título.

MODELO:

Zubiarrain, Laura. «Lorca por Lorca». *ADE Teatro* 68–69 (1998): 49–61.

Películas o videocasetes: Título de la película o del vídeo, nombre del director o productor, nombre del estudio, año de estreno y duración.

MODELO:

Murder in Granada. Videocasete. Films for the Humanities, 1995. 60 min.

Artículos de enciclopedia: autor, título del artículo, nombre de la enciclopedia, tomo, años y edición.

Entrevistas: Nombre del entrevistado, las palabras «entrevista personal» o «entrevista telefónica», fecha (y lugar).

Ejemplo.

Flys, Miguel J. Entrevista personal. 24 de marzo 2000.

 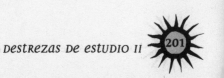

Ejercicio 4. Fichas documentales. A cada una de las fichas siguientes le falta información. Escribe lo que falte en la raya.

a.

	1
Young, R.A. «García Lorca's *La casa de Bernarda Alba*: A microcosm of Spanish Culture».	

_____

b.

	2
Obras completas. México: Porrúa, 1998.	

_____

c.

	3
El balcón abierto. Videocasete. 1984. 114 minutos.	

_____

d.

	4
Ruiz Ramón, Francisco. Entrevista telefónica.	

_____

Toma de notas

Prepárate para tomar notas igual que te preparas para una entrevista, ya que tomar notas para una investigación como la entrevista es una actividad de consulta. Prepara un esquema informal o una lista de preguntas como guía antes de empezar tu investigación.

Ejercicio 5. Guía de investigación. Escoge uno de los temas que apuntaste en el ejercicio 3 y escribe cinco preguntas que puedan encauzar la investigación de manera ordenada y eficaz.

> | MODELO: | ¿Cuál fue la organización política del imperio inca?

1. _____
2. _____
3. _____
4. _____
5. _____

Para tomar notas, también utilizarás fichas 3 x 5. Utiliza una ficha nueva por **cada fuente** y **cada nota**.

- Usa abreviaturas y frases cortas solamente.

- Si copias las palabras de otra persona, enciérralas entre comillas y anota la página entre paréntesis.

- En la esquina superior de cada ficha escribe una palabra o una frase guía que obtengas de tus preguntas de investigación.

- Escribe el número de la fuente (según la ficha documental) de cada ficha.

> | MODELO:

                                                                    7

    CBA _____

    - escrito en 1936 _____

    - estreno en Buenos Aires _____

    - publicación después de la muerte de Lorca _____

    - «El poeta nunca llegó a ver su obra montada en escena». (67)

Paso 3. La redacción del trabajo de investigación

Al principio de esta miniunidad, dijimos que el trabajo de investigación es un ensayo extendido. Una vez que hayas reunido información suficiente, podrás formular una hipótesis y empezar el proceso de escribir tu trabajo empezando por el bosquelo y terminando con la publicación. Algunas veces tendrás que volver a la biblioteca para obtener más información o diferentes fuentes que ofrezcan otra interpretación o punto de vista.

Destrezas de estudio III
Los exámenes

Los exámenes forman parte de la vida moderna y no nos referimos solamente a los exámenes académicos. También hay pruebas para sacar un carnet de conducir, exámenes psicológicos y pruebas para entrar o salir de un programa, sea en la escuela, la universidad o el empleo.

La preparación para un examen es la parte más importante del examen por muy extraño que esto te parezca. ¿Sabes cómo prepararte para un examen? Haz el *quiz* del ejercicio 1.

Ejercicio 1. ¿Cierto o falso? Indica si las afirmaciones siguientes son **ciertas** o **falsas**, encerrando la letra correspondiente en un círculo. Corrige las respuestas falsas.

C   F   **1.** Es bueno esperar hasta el último día antes del examen para estudiar. Así no te olvides de la materia.

C   F   **2.** Es mejor ir a un examen en ayunas. El proceso digestivo interfiere la actividad neurológica.

C   F   **3.** Conviene llevar bastantes lápices y bolígrafos por si te falla alguno.

C   F   **4.** La noche es ideal para el estudio. Es una buena idea estudiar lo más tarde posible del día antes de un examen.

Ejercicio 1. Clave. Revisa tus respuestas con la clave.

1. F   Estudia todos los días que puedas antes del examen. Estudia lo que puedas sin cansarte y poder seguir estudiando al otro día.

2. F   Un buen desayuno asegura que la sangre llegue al cerebro. Desayuna bien antes de examinarte.

3. C   No siempre hay un sacapuntas disponible ni mucho menos artículos a disposición de las personas que se examinan.

4. F   Debes acudir descansado(a) a un examen. Asegúrate de dormir bien durante ocho horas o más la víspera de un examen.

Antes de empezar

Antes de empezar, revisa los componentes del examen para decidir cómo administrar el tiempo asignado.

Empieza por las partes más importantes en lo que se refiere a la calificación. Si todas las partes tienen el mismo valor, empieza por la más fácil o por la que menos tiempo te lleve. Deja para el final la más complicada o la que ta vaya a tomar más tiempo.

Ejercicio 2. Ordenar. Vas a tomar un examen y necesitas planear tu estrategia. Escribe un número del 1 al 5 junto a cada componente según el orden más conveniente.

_____ a. comprensión de lectura

_____ b. Cierto/Falso

_____ c. Ensayo

_____ d. Preguntas de selección múltiple

_____ e. Analogías

Ahora explica tu respuesta:

_____

_____

_____

_____

Contestando las preguntas cierto/falso

Éstos son los pasos para hacer este tipo de pregunta.

1. Lee cada comentario detenidamente.

2. Si parte de la información es falsa, la respuesta es **falsa**.

3. Es muy raro que todas las respuestas sean **falsas** o **ciertas**.

4. Si no sabes la respuesta, *siempre que no pierdas más puntos por una respuesta incorrecta que por una respuesta incompleta,* trata de adivinar si es **falso** o **cierto**.

Ejercicio 3. ¿Cierto o falso? Indica si las preguntas siguientes son **ciertas** o **falsas**. A continuación explica tu razonamiento.

> **MODELO:** F̲ Gabriel García Márquez ganó el Premio Nobel de literatura en 1999. ̲Sé que ganó el Premio Nobel, pero no sé en qué año. No me acuerdo de haber oído̲ ̲la noticia en la televisión durante los pasados años.̲

_____ 1. Jorge Luis Borges nunca escribió una novela.

_____

_____

_____ 2. Julio Cortázar, como García Márquez, es maestro del realismo

mágico.

_____

_____

_____ 3. Ana María Matute escribió *Primera memoria* y *La casa de*

Bernarda Alba.

_____

_____

_____ 4. Los cuentos de Sabine Ulibarrí incluyen «Un oso y un amor» y

«El sendero interior».

_____

_____

Las preguntas de selección múltiple

En las preguntas de selección múltiple, te dan varias respuestas posibles, normalmente cuatro. Tú tienes que elegir la más correcta o la más apropiada. Aborda este tipo de pregunta de la manera siguiente:

1. Lee la pregunta e intenta contestar sin mirar las respuestas.

2. Lee **todas** las respuestas con cuidado para ver si encuentras la correcta. Si no:

3. Elimina las que sepas que son incorrectas.

4. Analiza las restantes en el contexto de la pregunta.

5. Las respuestas que contengan palabras tales como *todo*, *ninguno*, *siempre* y

   nunca raras veces son correctas.

Ejercicio 4. Eliminación. Elimina dos respuestas de cada una de las preguntas siguientes. Explica tu razonamiento.

_____ 1. La exageración en la literatura se llama...

a. hipérbole   **b.** metáfora   **c.** anáfora   **d.** Todas las respuestas son correctas.

Razonamiento: _____

_____

_____ 2. El hipérbaton en la poesía es...

a. una comparación directa por medio de la palabra **como** o **parece**

b. un cambio en el orden natural de las palabras

c. la rima asonante

d. Ninguna de las respuestas es correcta.

Razonamiento: _____

_____

_____ 3. La aliteración es...

a. la repetición de la misma palabra

b. una comparación entre dos elementos, uno conocido y otro simbólico

c. la repetición del mismo sonido

d. Todas las respuestas son correctas.

Razonamiento: _____

_____

© Prentice-Hall, Inc.

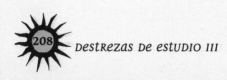

Las preguntas de ensayo

Aborda una pregunta de ensayo de la misma manera que abordas un ensayo en clase, recordando que no tienes tiempo para hacer un borrador y una copia final. Antes de empezar a escribir:

1. Lee la pregunta con cuidado.

2. Subraya la parte de la pregunta que especifica el tema y el tipo de ensayo (comparar/contrastar, resumir, analizar) que pide.

3. Formula tu hipótesis.

4. Escribe el ensayo.

Ejercicio 5. Práctica. Subraya el tema de cada una de las preguntas de ensayo siguientes como si fuera un examen.

1. Se conoce al escritor chicano Sabine Ulibarrí por sus cuentos simpáticos acerca de su juventud en Tierra Amarilla, Nuevo México. Comenta la forma en que el autor retrata el ambiente social y físico de su tierra natal en sus obras. Cita dos ejemplos de las obras que hayas leído.

2. Tanto Julio Cortázar como Gabriel García Márquez han demostrado ser maestros del género literario conocido como el realismo mágico. Compara y contrasta los rasgos del realismo mágico en «El ahogado más hermoso del mundo» y «La noche boca arriba». Si has leído otros cuentos de estos autores, puedes incluirlos en tus comentarios.

3. Mario Benedetti, como muchos autores hispanos, muestra su solidaridad con las personas oprimidas a través de su obra. Analiza el compromiso político de Benedetti reflejado en su cuento «Una palabra enorme». Incluye detalles específicos del texto.